KB264407

특허인용정보를 이용한 과학기술자의 과학논문 인용행태 분석

특허인용정보를 이용한 과학기술자의 과학논문 인용행태 분석

노경란 지음

한국학술정보㈜

디지털 컨버전스라는 거대한 변화의 물결이 온 세상을 뒤덮고 있다. 디지털 컨버전스의 확산으로 산업 환경 전체의 경쟁 구도가 달라지고 있다. 디지털 컨버전스는 디지털기술의 발전에 따라 융합 상품과 서비스들이 등장하는 현상을 포괄적으로 일컫는다. 오늘날 컨버전스의 대상은 기술, 제품, 서비스에서 콘텐트에까지 확장되고 있다.

과학과 기술은 고대부터 오랫동안 별개로 활동했지만 17세기부터 서서히 융합되기 시작했다. 과학기반으로 성장하는 산업이 OECD 국가들의 성장을 주도하고 있으며, 이 때문에 선진국들은 과학과의 연계를 증가시키기 위해 노력하고 있다. 그리고 과학과 기술간 컨버전스를 추적하는 데 학술논문과 특허라는 이종의 콘텐트를 이용하고자 하였다. 특허와 학술논문은 각기 독자적인 영역을 가진 콘텐트이다. 특허에서 차지하는 학술논문의 중요도는 콘텐트간 컨버전스, 과학과 기술의 컨버전스를 보여주고 있다.

과학기술정보를 다루는 기관에 근무하면서 그동안 학술정보와 국가경쟁력의 관계는 수년 동안 내 주변을 맴돌던 궁금증이었다. 학술정보가 어떻게 기술발전에 도움이 되고 국가경쟁력 향상에까지 영향을 미칠까? 이후 특허의 프론트페이지에 인용정보가 기술되어 있으며, 이 인용정보 안에 학술논문이 포함되어 있음을 알게 되었다. 특허에 인용된 학술논문은 학술정보와 국가경쟁력간 관계를 풀어갈 수 있는 계기를 제공하였으며, 이 연구는 첫걸음을 뗀 것이다.

이 책은 과학과 기술간 상호작용이 국가경쟁력에 영향력을 끼친다는 점에서 한국의 기술발전을 이끈 과학적 기반에 관한 연구로 한국의 기술과 강한 연계를 맺고 있는 학문 분야를 찾아내기 위한 노력이다.

세상 모든 일이 그렇듯이 이 연구는 여러 사람의 도움에 힘입은 바크다. 특허와 학술논문에 대한 많은 아이디어와 영감을 준 정보융합개발팀 팀원들, 이 책이 나오기까지 세심한 지도를 해 주신 연세대학교 교수님들, 또한 유익한 조언을 아끼지 않고 해주신 최희윤 센터장님께 감사드린다.

끝으로, 가족이 준 도움은 말로 표현하기 어렵다. 연구에 전념할 수 있도록 아직까지도 뒷바라지를 하고 계신 시부모님께 깊은 감사를 드린다.

2007년 10월

노경란

1. 서 론

1.1 연구의 목적 및 필요성

지식기반경제 또는 지식기반사회의 중요한 특징은 경제, 사회발전의 기반으로서 지식의 출현, 과학과 기술의 밀접한 관계, 과학기반 기술의 등장을 들 수 있다. 과학기반사회에서는 지식의 창출과 지식의 활용을 바탕으로 한 자본화 능력이 중요하다. 그리고 국가의 지식경쟁력은 지식흐름(flow), 지식보유량(stock), 지식품질(quality) 등에 의해 결정된다. 따라서 선진국은 국가경쟁력을 향상시키기 위해 지식흐름을 확대하고 지식보유량을 확충하여 지식수준을 개선시킬 수 있는 촉진요인과 장애요인을 분석하고, 지식경쟁력을 높이는 방향으로 연구를 진행하고 있다(삼성경제연구소 1999).

과학의 진보와 발명이 기술혁신을 결정하고, 기술혁신이 궁극적으로 경제발전에 기여한다는 것이 많은 경제학자들에 의해 실증적으로 검증되었다. 지식기반사회의 도래에 따라 과학에 기반을 둔 산업 분야를 국가의 성장동력으로 삼아 국가경쟁력을 강화하려는 각 국의 경쟁이 치열하다. 선진국은 장기적 경제발전을 이끄는 기술변화의 동력으로써 과학에 대해 주목하고, 과학과 기술간 상호 작용을 중요하게 다루고 있다.

과거 20여년 동안 과학과 기술간 상호 작용을 규명하고자 여러 방법들이 연구되었다. 미국을 비롯하여 네덜란드, 핀란드, 호주 등은 자국의 기술발전을 이끈 과학적 기반을 규명하기 위해 미국특허에 인용된 과학논문을 이용하여 국가차원에서 연구프로젝트를 수행하였다. 그리고 특허와 과학논문에 관한 연구들은 미국특허를 중심으로 이루어지고 있다. 그 이유는 미국특허가 전 세계 기술을 대표하며, 미국특허의 발명자 중 절반가량이 미국인이 아닌 외국인이기 때문이다. 또한 상용데이터베이스를 통해 또는 미국특허청 웹사이트 (http://www.uspto.gov)를 통해서 1976년 이후 미국특허정보에 접근할 수 있기 때문이다.

그러나 한국의 경우 과학과 기술간 상호 작용이 국가경쟁력 향상에 끼치는 영향력에 비해서 한국의 기술발전에 영향을 미치는 과학적 기반에 관한 연구가 거의 이루어지지 않았다. 또한 특허와 과학논문 간 인용관계를 이용하여 과학과 기술간 연계구조를 규명하고자 한 연구도 시도된 바가 없다.

다만 미국특허를 이용하여 한국인 특허에 인용된 비특허문헌의 수나 SCI 과학논문의 수를 연도별 과학연계지수로 발표하는 수준에 머물고 있다. 그러나 이 지수는 특허기술과 관련된 과학적 지식을 담고 있는 학문 분야나 지식흐름의 전달매체에 대해 상세한 정보를 제공하지 못한다. 첨단기술 분야의 경우 과학관련도가 높다는 것을 알고 있을지라도 한국의 첨단기술 개발과 관련된 학문 분야의 범위, 기술 분야별 또는 학문 분야별 과학논문과 특허간 상호 작용에 대해 알려진 바가 없다.

과학논문과 특허간 관계에 대한 연구는 미국이나 유럽을 대상으로 이루어지고 있다. 따라서 한국의 기술발전을 이끈 과학적 기반이 어떤 것이고, 한국의 기술과 강력한 연계를 맺고 있는 학문 분야는 무엇인지에 대해, 과학집약도가 높은 한국기술이 얼마나 많이, 얼마나 신속하게 인용되고 있는지에 관한 연구가 절실하다.

이 연구의 목적은 특허분석을 통해 한국 과학기술자의 과학논문 인용행태를 분석하는 것이다. 한국인 특허에 인용된 과학논문이 한국인 특허가 다른 특허에 의해 인용되는 횟수와 관련 있는지, 과학논문이 특허의 혁신가치에 영향을 끼치는지 증명하고자 한다. 이 분석을 통해 한국의 기술개발과 관련하여 과학적 지식을 가장 역동적으로 활용하고 있는 기술 분야를 발견하고, 산업계의 요구와 가장 긴밀한 관련을 맺고 있는 학문 분야를 발견하고자 한다. 이 연구에서는 특허에 인용된 과학논문과 특허간 관계를 이용하여 과학논문과 특허간 연관관계를 밝히고 한국의 기술변화를 이끄는 과학적 기반을 찾아내고자 한다.

1.2 연구의 방법 및 구성

이 연구는 특허인용정보를 이용하여 한국 과학기술자의 과학논문 인용행태를 밝히는 데 초점을 두고 있으며, 한국의 기술발전에 근간이 되는 과학적 지식기반을 규명하고 과학논문과 한국의 기술개발 간의 연관성 증가를 밝히고자 한다. 기술을 대표하는 특허에 인용된 과학논문을 이용하여 과학기술자의 인용행태를 추적할 수 있으며, 과학기술자의 인용행태 이면에 깔린 과학과 기술간 상호 작용을 측정할 수 있다.

이 연구는 연구의 객관성 확보를 위해 문헌분석을 통한 이론적 접근방법을, 그리고 특허와 과학논문간 상호 작용을 측정하기 위해 다양한 데이터 분석방법을 택하였다. 또한 선행문헌 분석을 통해 특허에 인용된 과학논문이 특허가 기초하고 있는 과학적 기반을 파악할 수 있게 하며, 특허가 다른 특허에 인용된다는 것은 특허가 그만큼 가치가 있다는 것을 전제조건으로 설정하였다.

데이터 분석은 기본적으로 미국특허청에 등록된 한국인 특허의 인용데이터를 이용하여 수행되었다. 분석대상은 한국인 특허에 인용된 과학논문이다. 과학활동을 측정하기 위해 과학논문을, 기술활동을 측정하기 위해 특허를 대리척도로 사용하였다. 그 이유는 과학논문이 과학자들간 과학적 발견을 교류하는 데 가장 기본적인 전달매체이며, 그리고 특허는 기술자들의 연구개발 활동을 표현하는 가장 대표적인 형태이기 때문이다.

연구를 위해 필요한 데이터를 데이터마이닝기법과 수작업 특허검색을 통해 수집하였다. 1990년부터 2004년까지 등록된 미국특허 중 한국인 특허 32,935건을 KISTI가 구축하고 있는 미국특허 데이터베이스로부터 추출하였다. 미국특허 중에서 발명자 또는 출원인 한국으로 지정된 특허를 한국인 특허로 간주하였다. 한국인 특허 4,275건의 표제면에 인용된 과학논문 14,969건을 미국특허청(http://www.uspto.gov) 사이트에서 특허 검색한 후 상세보기에서 수집하였다. 특허에 인용된 과학논문의 서지정보 오류를 수정하기 위해 색인초록 데이터베이스를 활용하였다. 한국인 특허를 인용하고 있는 미국특허 73,654건을 KISTI의 미국특허 데이터베이스에서 수집하였다.

분석기간을 1990년부터 정한 이유는 1989년까지 한국인 특허에 인용된 과학논문의 수가 극히 소수에 불과하고, 지식기반경제 또는 지식기반사회로 이행이 인구에 회자되기 시작한 시기가 1990년대임을 감안하였기 때문이다.

이 연구의 구성은 다음과 같다.

제2장 이론적 배경에서는 과학과 기술간 상호 작용에 관해, 과학논

문과 특허간 상호 작용 및 지식흐름에 관해 살펴보았다. 과학과 기술 간 상호 작용뿐만 아니라 과학논문으로 대표되는 과학과 특허로 대표 되는 기술간 상호 작용, 그리고 지식흐름의 요소들에 관해 살펴보았 다. 또한 국내외 선행 연구에서는 특허에 인용된 비특허문헌 또는 과 학논문을 이용한 접근방법을 살펴보았다.

제3장에서는 한국인 특허에 나타난 과학논문과 특허간 상호 작용을 측정하기 위해 데이터를 수집한 후 데이터 전처리 및 표준화 작업을 수행하였다. 이 데이터를 이용하여 과학논문이 특허의 혁신가치에 미 치는 영향을 검증하고 과학논문과 특허간 상호 작용을 분석하였다.

첫째, 한국인 특허에 인용된 과학논문의 수와 품질, 그리고 특허와 과 학논문간 인용시차가 한국인 특허가 다른 특허에 의해 인용되는 데 영 향을 미치는지 검증하였다. 이를 위해 한국인 특허에 인용된 과학논문 의 수, 한국인 특허와 이 특허에 인용된 과학논문 간 인용시차, 한국인 특허의 피인용횟수, 한국인 특허와 이 특허를 인용한 다른 미국특허간 인용시차를 계산하였다. 연구가설을 검증하기 위해 SPSS for windows 12.0 version 프로그램을 사용하여 일원분산분석(one-way ANOVA)을 수행하였다. 분산분석의 F-검정 후 Scheffe 사후검증을 실시하였다.

둘째, 한국인 특허에 수록된 인용정보를 이용하여 과학논문과 한국 인 특허간 상호 작용 집중화, 학문 분야와 특허기술 분야간 상호 작용 을 측정하였다. 이를 위해 한국인 특허에 인용된 과학논문의 수, 한국 인 특허와 이 특허에 인용된 과학논문 간 인용시차, 과학논문의 수록 매체, 과학논문의 학문 분야, 특허의 IPC 기술 분야를 구하였다. 또한 한국인 특허에 인용된 과학논둔에서 한국인의 기술개발과 관련된 과 학적 기반을 도출하였으며, 이들 간 상호 작용을 가능케 하는 매체 및 시간을 측정하였다.

마지막으로 제4장에서는 이 연구의 결과를 정리하고, 이를 적용할 수 있는 연구 영역을 제안하였다.

1.3 연구의 제한점

이 연구의 제한점은 미국특허를 분석 데이터로 사용하였다는 점이다. 한국 기술개발을 주도하는 과학기술자의 정보이용행태를 측정하기 위해서는 한국특허청에 출원된 특허인용정보를 이용해야 한다. 그러나 국내 특허의 경우 필수적인 특허인용데이터를 포함하고 있지 않을 뿐만 아니라 데이터베이스로 제공하지도 않는다. 한국특허법은 미국특허법과는 달리 출원인에게 발명과 관련된 선행기술을 제출하도록 법제화되어 있지 않으며, 특허심사관이 특허 출원서를 심사할 때 참증한 선행기술을 데이터베이스로 구축하고 있지 않기 때문이다. 다만 한국특허청은 출원특허를 기각할 경우 사용한 선행기술을 이미지형태로 데이터베이스화하고 있으며 선행기술로 인용된 과학논문의 수는 극히 소량에 불과하다.

미국특허는 세계 각국의 중요한 신기술을 포함하고 있으며, 경제적으로, 기술적으로 중요하다고 여겨지는 한국의 신기술은 미국특허로 등록되어 지식재산권 보호가 이루어지고 있다. 미국특허 중 미국인 발명자의 특허가 50%를 차지하며, 일본, 유럽, 캐나다 등 미국 이외 국가의 특허가 나머지 50%를 차지한다.

이와 같은 인용 데이터 입수의 한계로 인하여, 박한우 등이 미국특허로부터 한국특허를 수집하기 위해 사용한 방법을 채택하였다(박한우 외 2004). 즉 미국특허청에 출원인 또는 발명자의 국적이 한국으로 등록된 특허를 한국인 특허로 수집하였으며 이 한국인 특허에 인용된 과학논문을 이용하였다. 미국특허에 등록된 한국인 특허가 한국 과학기술자의 정보이용행태 그리고 한국 기술의 과학적 기반을 미시적으로 완벽하게 보여줄 수는 없지만, 거시적인 측면은 보여줄 수 있을 것으로 여겨진다.

1.4 용어의 정의

이 연구에는 지금까지 일반적으로 통용되지 않은 용어가 포함되어 있다. 다음의 각 용어들은 여러 학문 분야에서 다양한 목적에 따라 서로 다른 의미로 사용되고 있으나, 이 연구에서는 다음과 같이 정의하였다.

과학논문: 과학논문이란 일반적으로 학술지에 발표된 과학적 논문을 말한다. 과학논문은 새로운 연구결과를 담고 있거나 기존 연구결과를 리뷰해 놓은 것이다. 과학논문은 그 내용이 학술지에 수록하기에 적합한 것인지 검증하기 위해 일인 이상의 심사위원에 의한 심사를 거친다. 이 연구에서는 과학논문을 학술지뿐만 아니라 학술회의자료에 수록된 과학 분야의 논문으로 그 범위를 정의하였다.

비특허문헌: 비특허문헌은 특허 이외의 문헌을 지칭하는 것으로 사용되며, non-patent literature, non-patent reference 또는 non-patent citation 등으로 또는 NPL, NPC, NPR과 같이 약기명으로 표기된다. 비특허문헌은 학술지에 수록된 과학논문, 학술회의 발표논문, 단행본, 학위논문, 사전, 규격, 매뉴얼, 카탈로그 및 브로셔 등 기타 출판물뿐만 아니라 인터넷이나 데이터베이스 검색을 통해 얻어진 정보 등 특

허 이외의 정보들로 구성된다.

　지식흐름(Knowledge flow): 이 연구에 사용된 지식은 비특허문헌에 수록된 과학논문으로 표현되는 과학지식과 특허로 표현되는 기술지식을 말한다. 이 연구에서 지식흐름이란 특허의 인용관계를 이용한 것으로 과학논문을 인용하고 있는 특허, 이 특허가 다른 특허에 의해 인용되는 것을 지식흐름으로 지칭한다. 그리고 지식흐름은 과학지식과 기술지식 간, 그리고 기술지식과 기술지식 간 발생한다.

2. 이론적 배경

2.1 과학과 기술의 상호 작용

2.1.1 과학과 기술의 개념

오늘날 과학과 기술은 아주 길접한 관련을 맺고 있다. 현궤 기술의 강력한 기반이 되는 학문 분야에서 경쟁력이 없는 나라가 산업성장을 계속한다는 것은 상상하기 어렵다. 한 기술 분야의 발전을 위해서는 관련된 학문 분야의 발전이 필요하고, 해당 분야의 과학적 지식을 습득하는 것이 필요하다. 1960년대 들어서부터 과학과 기술이라는 별개의 개념이 과학기술이라는 합성적 개념으로 부각되었다. '과학(science)'과 '기술(technology)'이란 용어가 합쳐져서 '과학기술'이라는 말이 한 단어처럼 사용되기도 한다.

과학과 기술간 상호 작용을 이해하고 해석하기 위해 먼저 과학시스템과 기술시스템에 대한 통찰력을 필요로 한다. 과학이란 자연현상에 대한 일반적인 진리나 법칙을 체계화하여 확립한 지식을 의미하며, 기술은 과학을 활용하여 인간의 효용을 증가시킬 수 있는 물건을 생산하는 데 활용할 수 있도록 응용한 지식을 의미한다. 과학은 일반법칙과 원리를 발견해서 자연의 본질에 대한 인간의 이해를 증진시키는 데 목적이 있다. 이에 반하여 기술은 어떤 현실적이고 실용적인 목적을 위해 자연을 조정하여 물리적 도구나 장치를 고안하는 데 목적이 있다(이공래 2000).

과학과 기술은 서로 다른 지식 영역에 포함된다. 과학적 연구는 과학이 '공공재'(public goods)로 간주될 수 있는 '열린 과학'(open science) 영역에 기초하여 사용되고 있으며 그 연구결과물은 자유롭게 유통된다. '열린 과학'과 대조되는 영역이 '독점적 기술'(proprietary technology)이다. 독점적 기술 영역에 속하는 지식은 '사유재'(private goods) 성격을 지니고 있으며, 이 지식의 유통은 다양한 메커니즘을 통해 제한되어 있으며, 특허활동은 이들 메커니즘 중 하나에 속한다(Meyer, and Bhattacharya 2004).

또한 용어상 과학적 성과를 발견(discovery)이라고 부르며, 기술적 성과를 발명(invention)이라고 부른다. 과학적 발견은 개인에 의해 소유되지 않지만 기술적 발명은 특허권을 가진 자에게 소유된다(원우현 1995).

과학과 기술은 핵심활동에 있어서도 상당히 다르다. 과학자들은 동일 연구집단 내에서 자신을 드러내는 것과 인정받는 것을 목적으로 출판활동을 하는 반면, 기술자는 독점적 인공물(proprietary artifact) 또는 프로세스를 설계·고안하는 것을 목적으로 기술활동을 수행한다(Meyer 2002a). 이와 같은 구분에 기초하여 이 연구에서는 과학을 출판지향적 활동으로, 기술을 출판보다 특허를 이끄는 프로세스로 이해하고자 하며, 과학과 기술간 상호 작용을 측정하는 데 과학논문과 특허를 사용하고자 한다.

2.1.2 과학과 기술간 관계

과학과 기술의 관계는 'science dependence', 'science intensity', 'science closeness', 'science technology interface', 'science technology interplay', 'science technology interaction', 'science technology linkage', 'science technology connection' 등과 같은 용어에서 나타나듯이 선형적인 인과관계에서부터 상호 작용관계, 네트워크관계까지 보는 관점에 따라 다양하게 표현되고 있다.

2.1.2.1 선형 모형

오랫동안 과학과 기술간 관계는 기초과학연구, 응용연구 및 기술발전, 그리고 경제성장 및 그에 따른 국가번영이라는 선형흐름으로 받아들여졌다(Narin, and Olivastro 1992). 기초과학연구가 응용연구를 낳고, 응용연구는 기술발전을 이루어내어 결국 경제적 혜택에 도달한다는 것이다. 이것은 '과학 → 기술 → 경제' 형태로, 과학이 발전해야 기술의 진보가 이루어지고 그에 따라 경제성장도 가능하다는 선형모형이다. 이 선형모형이 지니고 있는 과학의 경제적 영향력은 정부가 학술연구를 지원해야 한다는 동기를 정당화시켰다.

2차 세계대전 이후 기초과학연구가 기술발전을 이끄는 추진력이며 결국에는 직접적인 경제성장을 가져온다는 생각이 지배적이었다. 이는 미국이 모든 주요 분야에서 매우 높은 수준의 연구성과를 달성하는데 성공하였을 뿐만 아니라, 그러한 연구성과를 국가의 이익으로 전환하는 자본화에 있어서도 성공하였기 때문이다(조황희, 박수동 2000). 이것을 선형모형의 기술혁신이라 하며 기술의 과학의존성을 핵심 개념으로 삼고 있다.

최근에 수행된 연구결과들에 의하면 과학과 기술의 강력한 관계, 그리고 과학과 기술이 경제적 진보에 끼친 영향에 이의를 제기하지 못한다. 그러나 이들 연구들은 과학과 기술간, 학계와 산업계간 지식흐름의 방향에 대해 이의를 제기한다. 그리고 과학과 기술간 관계를 측정할 때 특허와 이 특허에 인용된 과학논문간 인용링크를 과학의 기술에 대한 기여도를 나타내는 지시자로 간주한다.

Narin 등은 공공과학(public science)이 첨단기술과 경제성장을 이끄는 추진력임을 밝혀냈다. Narin 등은 과학과 기술간 관계를 기술하면서, 특허인용분석의 결과를 해석할 때 기술의 '과학의존성'(science dependence)이라는 용어를 사용함으로써 과학과 기술간 관계에 대한 선형적 이해를 암시적으로 보여주었다(Narin, Hamilton, and Olivastro 1997).

Deleus와 Van Hulle는 학문발전이 기술발전의 선행요인이라 가정하여 과학논문이 특허출원에 끼치는 인과적 효과를 정량화하고자 하였다. Deleus와 Van Hulle는 최다 인용된 학문 영역의 상대적 효과가 가장 크며, 바이오 기술 분야와 가장 중요하게 연계되어 있는 학문 영역은 다학문 분야임을 밝혀내었다(Deleus, and Van Hulle 2003).

과거 수십년 동안 과학으로부터 기술로 지식흐름은 선형으로 간주되었지만, 과학과 기술간 관계를 일방적인 선형관계로만 설명하기에는 어렵다. 과학과 기술간의 관계를 선형적으로 접근한 방식은 기술적 변화가 종종 과학적 이론이나 방법보다는 경험이나 재능으로부터 기인하였다는 실험적 증거를 무시하였다. 그리고 과학적 설명을 도출하는 데 있어 기술발전의 도구적 역할을 간과하고 있다(Tijssen 2001; Verbeek et al. 2002a). 또한 기술혁신이 훨씬 나중에 과학적으로 설명되는 경우가 있는데, 선형모형은 기술이 과학적 발견에 끼치는 영향력을 간과하였다.

2.1.2.2 상호 작용 모형

과학과 기술은 서로 얽혀 있어서 실제로 어느 것이 과학이고 어느 것이 기술인지 구분하기 어렵다. 과학은 기술의 바탕 위에서 발전해 왔고, 기술은 과학의 바탕 위에서 발전할 수 있었기 때문이다. 과학적 지식의 생성과 발전이 신기술의 탄생에 영향을 준 것처럼 기술 지식의 생성과 발전도 과학의 발전에 많은 영향을 끼쳤다. 과학적 지식과 기술적 지식은 상호 작용하면서 서로 중첩되어 존재하고 있으며 최근에 와서 이 현상은 더욱 두드러지게 나타나고 있다(이공래 2000).

기술은 과학을 위해 새로운 문제를 제기하며, 과학적 활동을 위한 도구를 제공한다(Meyer 2002b). 기술은 새롭고 어려운 과학적 질문을 제공하는 비옥한 기반이며, 이들 질문들을 효율적이고 시의적절하게 해결하는 데 필요한 장비나 기법 등 자원을 할당해야 한다는 정당성을 제공한다.

Schmoch(1993)는 'science-technology interaction'이라는 용어를 사용하여 과학과 기술간 실질적 관계를 표현하고자 하였다. Meyer는 과학과 기술간 상호 관계가 다양한 방식으로 맺어지기 때문에 특허에서 과학논문의 인용연계를 표현하는 데 과학의존성(science-dependence)이라는 용어를 사용하지 않아야 하며 과학기술간 상호 작용(science-technology interplay)이란 용어를 사용해야 한다고 주장하였다(Meyer 2000a,c).

특허에 인용된 과학논문을 통해 기술이 과학을 선도하거나 과학과 기술간 지식생산 프로세스가 서로 꼬여 있는 상호 호혜적 관계를 파악할 수 있다. 특허인용정보는 과학과 기술의 직접적 연계를 나타내지는 않지만, 과학과 기술간 다면적 상호 작용을 보여줄 수 있다. 또한 특허인용정보는 기술에 대한 과학의 기여도뿐만 아니라 과학과 기술간 영역별 친밀도를 나타낼 수 있다.

과학과 기술간 지식흐름이 항상 과학에서 기술로 순차적으로 발생하지는 않는다. 과학논문의 인용빈도가 높은 기술 영역에서조차 일방적이고 선형적 연계만 존재한다고 가정해서는 안 된다. 이와 같이 과학과 기술간 지식흐름은 최소한 양방향을 가지며 다양한 방향을 지니고 있으며 지속적으로 발생한다.

선진산업화된 사회의 혁신시스템에서는 과학적 연구와 기술적 진보는 거미줄처럼 복잡하게 얽힌 상호 의존성을 취하고 있기 때문에 과학과 기술을 구분하기가 점점 더 어려워지고 있다. 과학이 기술을 이끄는지, 기술이 과학을 이끄는지, 아니면 과학과 기술이 서로 공동진화하고 있는지 판단하기가 더욱 어려워지고 있다.

따라서 이 연구에서는 과학논문과 특허간 관계를 결정짓는 인용링크가 과학과 기술간 다면적 상호 작용을 보여준다고 간주하여 이 상호 작용 모형에 기반을 두어 분석해 나가고자 한다.

2.1.3 과학과 기술간 상호 작용 측정방법

1990년대부터 과학과 기술간 상호 작용에 대한 정량적 분석이 주목을 받기 시작했다. 과학과 기술간 상호 작용을 측정하는 방법으로 특허에 인용된 과학논문을 이용하여 측정하는 방법, 기업체에 소속된 연구자들이 발표한 과학논문을 측정하는 방법, 대학을 포함한 학계가 보유한 특허를 측정하는 방법, 과학논문에 인용된 특허를 측정하는 방법을 들 수 있다. 이와 같은 방법들은 과학과 기술간 상호 작용을 추적하는 데 있어 어느 한 방법이 최적의 방법이 될 수는 없으며, 아래와 같이 상호 보완적으로 사용할 수 있다.

첫째, 과학과 기술이 서도 어떻게 관련되어 있는지 연구하기 위한 가장 대중적인 방법은 특허에 인용된 과학논문을 분석하는 방법이다. 이 방법은 과학과 기술간 관계를 파악하기 위해 특허가 기술을 대표하며, 과학논문이 과학을 대표한다고 설정한다. 그리고 특허에 인용된 비특허문헌을 통해 과학과 기술간 연계를 설정한다. 비특허문헌을 이용한 이 방법은 특허가 기술을 반영하고 특허에 인용된 과학논문이 발명에 결합된 과학적 지식을 반영한다고 가정한다.

특허에 인용된 비특허문헌을 이용하여 과학과 기술간 연계구조를 측정하는 방식은 CHI Research의 Francis Narin 등에 의해 처음 개발되었으며 이후 심층 발전되었다(Carpenter, Narin, and Woolf 1981; Carpenter, and Narin 1983; Narin, Noma, and Perry 1987). 이 접근방법은 특정 기술분야의 특허에 인용된 비특허문헌 또는 과학논문의 평균 인용빈도를 이용하여 과학연계지수(science linkage)를 계산한다. 이 지수는 기술의 과학집약도(science-intensity) 또는 과학의존도(science-dependence)를 관찰하는 데 사용되고 있다.

과학과 기술간 상호 작용을 측정하는 두 번째 방법은 산업계에서 발표된 과학논문을 측정하는 것이다. 이 방법은 산업계에 소속된 저자가 발표한 과학논문에 관한 서지정보를 분석한다. 과학논문은 학계와 산업계간 공동연구의 결과물로 서로 다른 기관에 소속되어 있는 연구자들에 의해 공동으로 발표되기도 한다. 이를 통해 산업계와 학계 간 지식흐름을 추적하고 지식흐름의 강도와 링크구조를 파악할 수 있다. 과학논문의 공동저자가 소속된 기관정보를 이용하여 학계와 산업계간 간접적 링크를 추적할 수 있으며(Meyer 2002a), 저자의 소속기관을 수록하고 있는 INSPEC, COMPENDEX, Web of Science와 같은 서지데이터베이스를 활용해 과학기술간 상호 작용을 측정할 수 있다.

Godin(1995)은 산업계에서 수행된 과학활동을 측정함으로써 산업계 출판물의 중요도, 산업계가 경쟁력을 지니고 있는 학문 분야, 산업계에 유용한 학문 분야의 성격, 과학과 기술간 관계 등을 연구하였다(Godin 1995). Bhattacharya와 Meyer(2003)는 대기업의 과학과 기술간 상호 작용을 측정하는 데 특허인용정보와 기업체에 소속된 연구자들이 발표한 과학논문을 이용하였다. 이들은 기업의 특허활동이 과학논문의 발표활동과 상관관계를 맺고 있으며, 과학과 기술간 상호 작용과도 관련되어 있다는 것을 발견했다(Bhattacharya, and Meyer 2003).

그러나 과학과 기술간 상호 작용을 측정하는 데 산업계의 과학활동을 이용하는 방법은 학계와 산업계의 지식흐름보다는 기업이나 개인, 특히 대기업에만 중점을 두고 있다는 제한점을 지니고 있다(Meyer 2002a).

과학과 기술간 상호 작용을 측정하는 세 번째 접근방법은 대학의 특허활동을 측정하는 것이다. 특허는 학계의 기술활동 성과를 나타내는 지수로 가장 널리 이용되고 있다. 일부 학술기관이 다량의 특허를 보유하고 있다는 것은 분석대상이 되는 기술 분야와 산·학연구소간 밀접한 관계를 나타내는 좋은 지수가 된다(Schmoch 1997; Meyer 2002b). 이 방법은 특허의 발명자와 과학논문의 저자, 대학의 인력 데이터베이스를 매칭하거나 과학논문의 저자 소속기관명과 특허 출원인의 기관명을 매칭하는 방법을 사용한다(Coward, and Franklin 1989; Meyer 2002a).

대학의 특허를 이용하여 과학과 기술간 상호 작용을 측정하는 방법은 특허에 인용된 비특허문헌을 이용하는 방법보다 더 강력하고 다양한 과학—기술간 상호 작용을 보여준다. 그러나 실제로 대학내 연구자들이 보유한 특허의 수가 대학기관명으로 출원·등록된 특허의 수보다 몇 배나 많기 때문에 대학의 특허활동을 이용하여 과학기술간 연계구조를 측정하는 방법은 매우 부분적이며 다소 왜곡된 결과를 낳을 수도 있다(Meyer 2002a).

과학과 기술간 상호 작용을 측정하는 네 번째 방법은 과학논문에 인용된 특허를 이용하는 것이다. Glänzel과 Meyer(2003)는 1996년부터 2000년까지 SCI(Science Citation Index) DB에 수록된 과학논문 중 특허를 인용한 논문을 조사하였다. 이들은 과학논문에 인용된 특허를 이용하여 그 인용관계를 분석함으로써 새로운 접근방식을 제시하였다. 1980년부터 2000년까지 미국특허청에 등록된 특허 중 1.5%에 해당하는 3만 건이 SCI 과학논문에서 인용되었으며, 이 중에서 단 1회 인용된 특허가 73%를 차지하였으며, 특허를 인용하고 있는 과학논문 중 70% 이상이 화학 분야에 속하였다(Glänzel, and Meyer 2003). 특허에 인용된 과학논문을 이용하는 방법과 과학논문에서 인용된 특허를 연구하는 방법을 동시에 사용함으로써 과학과 기술간 연계에 대한 보다 균형 잡힌 시각을 얻을 수 있을 것이다.

2.1.4 대리척도로서 과학논문과 기술특허

공공부문의 연구이든지 산업부문의 연구개발이든지 간에 지식창출과 확산프로세스는 특허, 학술지나 학술회의에서 발표된 과학논문, 기술보고서 등 공개된 문헌을 통한 자유로운 정보흐름에 의해 이루어진다. 이와 같이 공개적으로 이용가능한 문헌들은 기술발명과 연구성과물에 대한 구체적인 정보를 담고 있으며 과학과 기술간 상호 작용을 측정하는 데 그리고 지식흐름을 추적하는 데 충분한 데이터를 제공한다. 과학과 기술간 상호 작용을 측정하고 지식흐름을 규명하는 데 가장 많이 사용되는 분석단위는 특허에 인용된 과학논문이다.

과학과 기술간 상호 작용을 측정하기 위해 특허에 인용된 과학논문을 이용하는 방법론은 특허가 기술을 반영하고 특허에 인용된 과학논문이 발명에 결합된 과학적 지식을 반영한다는 가정을 채택하고 있다. 또한 이 방법론은 특정 기술 분야에 속한 특허에 인용된 평균 과학논문의 수를 이용하여 과학과 기술간 연계에 정량적으로 접근한다.

특허가 기술을 대표하고 논문이 과학을 대표하며, 과학과 기술간 상호 작용을 연구하는 데 타당한 지수임을 증명하는 다수의 연구들이 이루어졌다. 이에 따라 과학과 기술간 상관관계를 나타내는 지수로써, 그리고 지식흐름을 모형화하는 수단으로써 특허에 인용된 과학논문을 이용하는 것에 대한 합의가 이루어지고 있다(Van Vianen, Moed, and Van Raan 1990; Narin, Hamilton, and Olivastro 1997; Meyer-Krahmer, and Schmoch 1998; Narin, and Olivastro 1998; Noyons, Luwel, and Moed 1998; Michel, and Bettels 2001; Meyer 2002a; Verbeek et al. 2002; Bhattacharya, and Meyer 2003; Verbeek, Debackere, and Luwel 2003). Schmoch도 비특허문헌에 대한 평균 인용빈도가 기술 분야와 학문 분야간 관계를 계량화하는 데 적절한 지수이며, 대리지수가 된다고 주장하였다(Schmoch 1997).

특허가 신규성, 진보성, 활용성이라는 조건을 충족시키는 정밀한 기술지식을 정의한다는 점에서 특허는 기술개발에 대한 대리지수로써 사용되며, 기술활동의 성과를 나타내는 지수로 가장 광범위하게 이용되고 있다(Meyer 2000a, 2000b; Meyer 2002a; Bhattacharya, and Meyer 2003). 또한 학술지나 학술회의에서 발표된 과학논문은 과학적 지식을 대표하는 대리지수로 사용된다.

계량서지적 분석기법을 특허데이터에 응용하는 방법이 점진적으로 증가하고 있다. 과학논문과 특허는 각기 과학활동과 기술활동이라는 고유 영역에 속하며 본질적인 차이점을 지니고 있지만, 과학논문과 특허간 존재하는 유사점들에 근거하여 특허에 계량서지적 기법을 적용하고 있다.

특허와 과학논문은 모두 지적 노력의 산물이며, 관련된 정보를 인용문헌으로 공개하며 일련의 심사과정을 거친다는 유사점을 지니고 있다 (Meyer, and Bhattacharya 2004). 과학논문은 연구활동에 대한 성과지수를 산출하는 구성요소 중 하나이며, 특허는 적어도 최소 수준의 발명활동을 대표하며 성공적인 연구개발 활동의 결과물이며 연구개발 활동 자체에 대한 상세한 정보를 제공한다(Verbeek et al. 2002a). 과학논문처럼 특허는 인용정보를 제공하고 있으며, 이것은 발명 이전의 기술상태 또는 선행기술을 제공하는 것을 목적으로 한다(Collins, and Wyatt 1988). 과학논문이 동료들에 의한 심사절차를 거치는 것처럼 특허는 발명의 신규성과 잠재적 활용성 측면에서 특허심사관에 의해 철저한 심사과정을 거친다.

또한 과학논문이나 특허에 존재하는 인용·피인용관계를 이용하여 지식의 흐름을 측정할 수 있다. Jaffe와 Trajtenberg는 특허를 매개로 발생하는 인용링크가 피인용특허로부터 인용특허에 이르는 일종의 지식흐름을 나타내는 '노이즈' 지수라고 간주하였다. 이들은 극제적인 지식흐름을 측정하기 위해 특허인용빈도를 이용한 경제적 모형을 제안했다(Jaffe, and Trajtenberg 1998).

인용특허와 피인용특허간 지식흐름을 측정할 수 있듯이 특허에 인용된 과학논문은 과학과 기술간 지식흐름을 측정하는 지수로 사용될 수 있다. 특허는 과학 영역과 기술 영역간 관련성에 대해 풍부한 정보를 제공한다.

따라서 기술 분야와 학문 분야간 존재하는 관계형 구조(relational structures)를 이용하여 특허와 과학논문간 지식흐름을 분석할 수 있다.

2.2 과학논문과 특허간 상호 작용

특허인용정보를 기계가독형으로 이용할 수 있게 됨에 따라 통계학자, 경제학자뿐만 아니라 특허에 대한 전문적 지식을 갖추지 않은 연구자들까지 다양한 측면에서 특허데이터를 분석하고 있다. 과학논문에 존재하는 인용문헌처럼 특허에 인용된 과학논문에 대해 동일한 해석을 내릴 수는 없기 때문에 특허인용정보를 이용한 연구에서는 비특허문헌에 대한 최소한의 지식을 필요로 한다. 특허인용정보의 발생배경뿐만 아니라 특허인용정보를 둘러싸고 있는 배경지식을 습득함으로써 특허인용정보에 대해 논리적으로 올바른 해석을 내릴 수 있다.

2.2.1 과학논문과 특허간 상호 작용 형태

일반적으로 특허의 구조는 (1) 서지정보를 담고 있는 표제면(title page 또는 frontpage), (2) 도면, 그래프, 흐름도뿐만 아니라 상세한 예시들, 발명기술서(specification)를 포함하고 있는 본문, (3) 그리고 특허의 청구범위(claims)라는 세 가지 기본적인 요소로 구성된다(Ganguli, and Blackman 1995).

특허정보는 INID 코드[1])에 따라 표준화된 형태로 작성되며 서지정

---

1) INID는 'Internationally agreed Numbers for the Identification of (bibliographic) Data'의 약기명이다. INID 코드 또는 INID 번호는 특허명세

보 부분과 기술공개 부분으로 구분된다. 서지정보 부분은 발명자 및 출원인, 기술분류, 특허번호 등의 정보를 포함하고 있으며, 기술공개 부분은 발명의 명칭, 발명내용의 요약문, 발명의 목적·구성 및 효과, 청구범위 등의 정보를 포함하고 있다.

미국특허의 표제면에는 <그림 1>과 같이 특허에 대한 서지정보가 기재된다. 표제면은 지식생산자에 해당하는 발명자 및 출원인뿐만 아니라 주소정보를 제공한다. 연구목적에 따라 다양한 방식으로 출원인을 구분할 수 있으며, 보통 기업, 공공기관, 대학 및 기타 출원주체로 구분한다. 특허 표제면에 수록된 기술분류정보는 국제특허분류표(International Patent Classification, 이하 IPC)를 기준으로 특허출원내용을 기술별로 분류한 것이다. 기술분류정보를 이용하여 주요 기술 분야에 대한 연구활동 및 기술의 이동상황에 대해 분석할 수 있다. 또한 특허 표제면에는 특허번호, 출원번호, 국제출원번호, 우선권 주장번호와 같은 고유번호들이 기재되며, 출원일자, 공개일자, 등록일자뿐만 아니라 국제출원일자, 우선권일자와 같은 법력 효력을 지닌 날짜정보가 기재되어 있다.

서에 관련된 서지정보를 코드화한 것으로, 명세서 서지사항의 각 항목에 고유 번호를 부여해 다른 국가의 특허명세서에서도 해당 번호를 보면 어떤 항목을 나타내고 있는지를 알려주는 번호이다. 세계지적 재산권기구(WIPO)에서 특허와 관련된 각종 표준이나 규격을 다루고 있으며, INID는 국제표준으로 각국 특허청에서 공통적으로 사용되고 있다.[cited 2006.5.15] <출처. http://www.wipo.int/scit/en/standards/standards.htm>

그림 1. 미국특허의 표제면

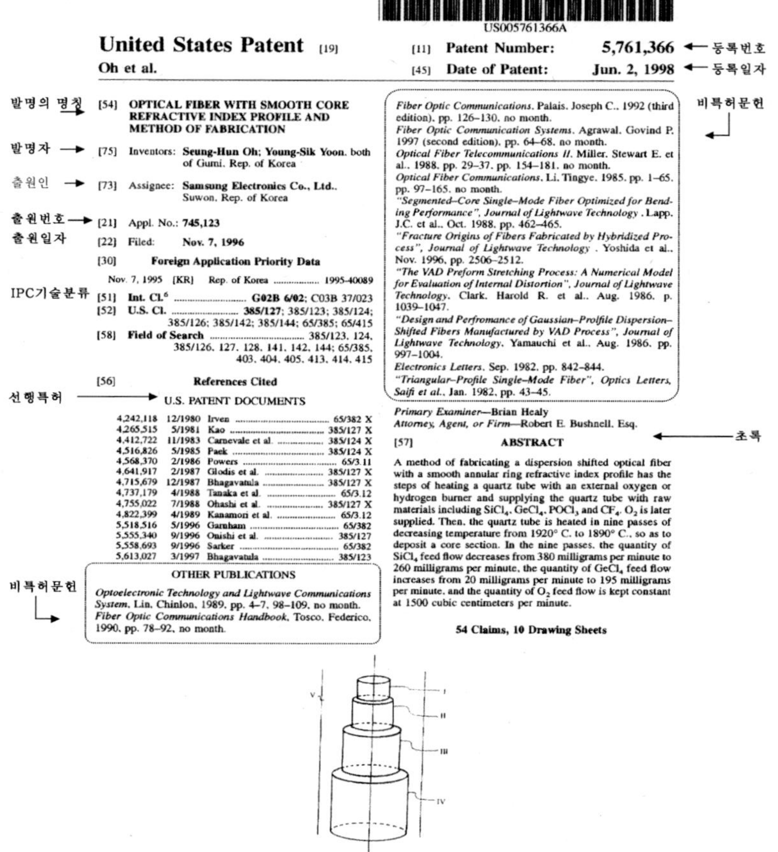

<출처: http://patimg2.uspto.gov> [cited 2006.5.15]

미국특허는 다른 국가의 특허와는 달리 특이한 점이 있다. 미국특허청은 한국특허청, 일본특허청, 유럽특허청과는 달리 특허심사관이 발명의 주제와 관련 있는 선행기술이라 판단한 참조문헌 리스트

(Meyer 2000a)를 미국특허의 표제면의 'References cited' 항목 아래에 기술한다는 점이다.

특허심사관은 선행기술로 미국특허, 미국을 제외한 다른 국가의 특허뿐만 아니라 학술지, 단행본, 핸드북, 백과사전 등과 같은 비특허문헌을 인용하는데 특허 이외의 참고문헌을 'Other publications'이란 항목 아래 별도로 기재한다. 디국특허의 인용문헌 중 한 축을 이루는 비특허문헌은 특허 이외의 문헌을 지칭하는 용어로 사용되며, 학술지에 수록된 과학논문, 학술회의 발표논문, 단행본, 학위논문, 사전, 규격, 매뉴얼, 카탈로그 및 브로셔 등 기타 출판물에 대한 인용정보뿐만 아니라 인터넷이나 데이터베이스 검색을 통해 얻어진 정보 등 특허 이외의 정보들로 구성된다(Narin, Hamilton, and Olivastro 1997; Meyer 2000b; Michel, and Bettels 2001).

특허에 인용된 비특허문헌은 과학논문에 수록된 인용문헌과는 다른 성격을 지니고 있다. 과학논문에서 인용행위는 저자의 개인차-원에서 이루어지지만, 특허에 수록된 인용문헌은 강력한 사회적 상호 작용의 결과물이다(Meyer 2000a). 이 상호 작용의 주체들에는 발명자, 출원인, 변리사, 특허심사관 등이 포함되며 이들은 의도적이든 비의도적이든 간에 특허를 형성하는 과정에 영향을 끼친다. 또한 과학논문에 수록된 인용정보와 비교하면 특허 표제면에 수록된 인용정보는 과다하거나 불필요한 것이 적다. 이것은 특허명세서가 법률적 영향력을 지니고 있어서, 관련 주체들간 상호 작용이 통제력을 가지고 있기 때문이다(Collins, and Wyatt 1988; Verbeek et al. 2002a; Acosta, and Coronado 2003).

2.2.2 과학논문과 특허간 상호 작용 발생 동기

과학논문과 특허간 상호 작용이 발생하는 이유는 특허법에 의한 법률적 요건뿐만 아니라 과학논문과의 내용적 관련성, 선행기술을 수록하고 있는 특허 또는 문헌에 대한 접근성 제한, 심사관의 과학논문 인용행태와 관련이 있다.

2.2.2.1 법률적 요소

발명자, 출원인, 특허심사관은 특허 표제면에 인용문헌으로 기재되는 비특허문헌에 영향을 미치는 주체들이며, 이들이 과학논문을 인용하는 동기는 각기 다르다. 미국특허는 1977년부터 선행기술 '공개 의무'(duty of disclosure)[2]를 법률적으로 엄격하게 적용하고 있다. 선행기술 공개의 의무란 특허출원 시 발명자, 출원인 등이 출원특허와 관련된 선행기술 문헌을 특허청에 의무적으로 제출해야 한다는 것이다. 미국법률은 출원특허와 관련된 이해당사자들이 선행기술을 제출하지 않으면 이 출원특허가 사기적 행위가 있는 것으로 간주하며, 이 출원특허를 특허침해근거로 사용할 수 있다(Meyer 2000c). 출원인은 청구항목과의 관련성을 갖고 있는 배경지식으로써 과학논문을 기술해야 하지만, 기존 공공지식과의 혁신적인 차별성을 보여주기 위해 과학논문을 인용하기도 한다.

또한 미국특허법은 특허심사관으로 하여금 출원특허가 청구하는 발

---

2) 연방행정규칙 37 CFR 15.6(Duty to disclose information material to patentability)은 출원인이 청구한 발명의 특허성과 관련된 중요한 정보를 기재하여 정보공개명세서(Information Disclosure Statement: IDS)를 의무적으로 제출하도록 규정하고 있다. [cited 2006.5.20]<출처: http://www.access.gpo.gov/cgi-bin/cfrassemble.cgi?title=200537>

명의 신규성과 진보성을 수립하도록 요구하며 발명의 독창성을 분명히 정의하도록 요구한다(Tijssen 2001). 이에 따라 특허심사관은 발명의 신규성을 확증시키기 위해 출원특허와 동일하거나 거의 유사한 내용을 가지고 있는 선행문헌을 찾아야 한다(Collins, and Wyatt 1988; Tijssen 2000). 특허심사관은 심사 중인 특허와 연계정도 또는 유사도에 따라 출원인이 제출한 인용문헌을 삭제하거나 다른 인용문헌을 추가한다. 따라서 특허심사관이 작성한 선행기술에 대한 인용문헌과 출원인이 제출한 인용문헌이 정확하게 일치하지는 않는다. 특허심사관이 작성한 인용문헌은 출원인이 작성한 인용문헌을 모두 포함하거나 더 많은 인용문헌을 수록하고 있어서 보완적인 측면이 강하다(Narin, and Noma 1985).

특허는 진화론적 역동성을 지니고 있으며, 시장수요, 기술적 기회, 지적 재산권에 대한 법률적 권리를 반영한다. 이와 같은 특허의 법률적 기능 때문에 특허에서 인용문헌은 과학논문에서 작성되는 인용문헌보다 훨씬 더 주의 깊게 선정되며, 출원특허와 관련성이 높은 인용문헌이 선정된다.

2.2.2.2 내용적 요소

특허 표제면에 기재된 비특허문헌은 대부분 특허받은 발명들의 신규성과 고유성을 문서화하고 강조하기 위해 인용된다(Meyer 2000a). 특허심사관은 청구항목 또는 청구범위의 적합성과 과학적, 기술적 배경을 문서화하기 위해 과학논문을 인용하기도 한다.

Schmoch(1993)는 특정 기술 분야의 과학의존성을 발견하기 위해 특허심사관들을 대상으로 서베이를 실시했다. 이를 통해 특허심사관들이 특허에서 과학논문뿐만 아니라 비특허문헌을 인용하는 동기를 다음과 같이 식별하였다.

첫째, 특허심사관은 심사대상이 되는 출원특허에 나타난 진보성을 과학논문과 관련짓기 위해 과학논문을 인용한다.

둘째, 선행기술이 아직 특허로 문서화되어 있지 않은 경우 특정 기술 분야의 발전속도가 너무 빨라서 선행문헌으로서 단지 과학논문만이 존재할 경우 과학논문을 인용한다.

셋째, 공식이나 가설, 발견 등과 같이 특허가 될 수 없는 연구결과들을 인용할 경우 과학논문을 인용한다.

넷째, 특허심사관은 학술적 성격은 띠지 않지만 특정 기업이 발간하는 상업지를 인용한다. 기업의 경우 특허로 출원하지 않고 자사의 발명을 보호하기 위해 자사가 발간하는 출판물에 발명의 내용을 발표하기도 한다. 발명의 내용이 특허로 출원할 만큼 중요하지 않지만 출판물에 발표함으로써 기업은 경쟁사가 동일주제로 특허를 출원하는 것을 방지할 수 있다.

다섯째, 진보성 임계치가 매우 낮은 단순한 사실을 인용할 경우 과학논문을 인용한다.

Schmoch(1993)가 조사한 과학논문뿐만 아니라 비특허문헌을 인용하는 동기 중에서 첫 번째 동기는 특허에서 과학논문을 인용하게 되는 대표적인 경우를 나타내며, 과학과 기술간 상호 작용을 명확하게 반영한다. 두 번째 동기는 기술의 발전속도가 너무 빨라 비특허문헌, 즉 과학논문만 이용할 수 있는 신생 연구 분야나 신기술 분야에서 발생할 것이다(Tijssen 2000; Tijssen 2001). 두 번째 동기와 세 번째 동기는 특허가 과학적 지식과 관련되어 있음을 의미한다.

특허에서 과학논문을 인용하는 이유는 발명의 배경정보를 제공하거나 방법론과 장비를 식별하거나, 최초로 개념을 기술하고 있는 출판물을 식별하기 위해서이다. 그리고 물리적 상수와 같이 데이터나 사실들의 진본성을 규명하기 위해 과학논문을 인용하기도 한다.

2.2.2.3 외부적 요소

특허심사관이 과학논문을 인용하는 데에는 출원특허와 과학논문 간 내용적 관련성 이외에 정보의 가용성과 언어, 주제 분야에 대한 특허심사관의 친밀도와 같은 외부적 요소 등이 영향을 미칠 수 있다.

1980년대 서지데이터베이스에 대한 온라인 접근이 가능해짐에 따라 그리고 전산화가 이루어짐에 따라 미국특허청은 출원인이 제출한 과학논문뿐만 아니라 비특허문헌을 검증하고 또 다른 정보원으로부터 비특허문헌을 추가시키기 위해 전자검색도구를 대폭 개선시켰다 (Tijssen 2001). 그러나 일본특허를 인용하는 경우 특허심사관들은 언어적 한계로 인해, 그리고 일본특허에 대한 영문서지데이터베이스의 가용성 때문에 특허원문보다는 서지데이터베이스를 인용하는 경우가 많았다(Schmoch 1993; Verbeek et al. 2002a). 그리고 이것은 선행특허에 대한 인용이라기보다는 서지데이터베이스에 대한 인용으로 여겨져 비특허문헌으로 기술된다.

또한 출원특허의 청구범위나 인용된 과학논문이 지니고 있는 본연의 속성과는 관련 없이 심사대상이 되는 주제에 대한 특허심사관의 친밀도에 따라 과학논문이 인용되기도 한다(Bhattacharya, and Meyer 2003).

2.2.3 과학논문과 특허간 상호 작용의 의미

특허에 인용된 과학논문은 과학과 기술간 상호 작용을 분석하는 중요한 도구이며, 이 두 영역간 인지적 연계를 파악할 수 있도록 한다. 특허에 인용된 과학논문은 기술의 과학의존도를 정량화하고, 특허의 과학관련도를 나타내며 기초연구의 경제적 유용성을 보여준다.

특허에 인용된 과학논문을 이용하여 첫째, 과학논문과 특허간 발생하는 상호 작용의 강도를 측정할 수 있다. 둘째, 시간의 경과에 따른 기술 분야와 밀접한 관련을 지니고 있는 학문 분야를 파악할 수 있다. 셋째, 학문 분야와 기술 분야간 잠재적으로 발생할 수 있는 지식흐름을 추적할 수 있다.

2.2.3.1 기술 분야의 과학관련도

과학과 기술은 강하게 연결되어 있다. 의약품, 화학, 컴퓨터통신 분야와 같은 첨단 성장 분야는 다른 분야에 비해 더욱 강한 결합구조를 가지고 있다. 서구에서 산업성장을 선도하는 영역들이 매우 과학집약적인 성향을 보이고 있다.

특허에서 인용된 과학논문은 기술의 '과학집약도'(science-intensity) 또는 '과학의존도'(science-dependence)를 측정하는 데 가장 대중적으로 사용된다. 특허에 과학논문이 인용되었다는 것은 과학논문과 특허간 연계가 존재함을 의미하며, 특허에 과학논문이 인용된 빈도는 과학과 기술간 상관관계 강도를 나타낸다(Karki 1997; Narin, and Olivastro 1998).

기술의 과학관련도는 '과학연계지수'(Science Linkage: SL)를 통해 나타난다. 과학연계지수는 국가, 기술 분야, 기업 등에 대한 특허 한 건당 인용된 평균 과학논문의 수이다. 과학연계지수는 국가나 기업의 첨단기술수준 또는 과학집중도를 나타내는 척도이다. 과학연계지수가 높다는 것은 과학적 발전에 기초하여 기술을 개발하고 있음을 나타낸다(Narin, and Olivastro 1992).

$$\text{과학연계지수} = \frac{\text{전체 특허에 인용된 과학논문의 수}}{\text{전체 등록특허의 수}}$$

특허에 인용된 과학논문은 주요 국가의 특허마다 유의미한 차이를 보이고 있으며, 각 국가마다 기술적으로 강조하는 영역을 부분적으로 반영하고 있다. Narin 등은 미국특허에 인용된 과학논문을 분석함으로써 <그림 2>와 같이 과거 20년 동안 미국, 영국, 핀란드, 프랑스의 특허의 과학기술 연계추세가 전반적으로 강화되고 있음을 발견하였다(Narin, Hamilton, and Olivastro 1997).

미국의 경우 연구개발에 대한 투자가 자본화되어 있어서 창출된 지식을 혁신으로 연계하는 탁월한 능력을 보유하고 있지만 비영어권 국가인 프랑스, 독일, 일본은 과학 지식의 활용 측면에서 미국, 영국과는 커다란 격차를 보이고 있음을 알 수 있다.

미국과 영국의 특허는 바이오기술 분야의 특허를 많이 보유하고 있어서 과학연계지수가 높게 나타났지만, 과학연계지수가 낮은 전자 분야의 특허를 많이 보유하고 있는 일본의 과학연계지수는 상대적으로 낮게 나타났다. 또한 독일의 특허는 화학관련 특허에서 많은 과학논문을 인용하고 있었지만 기계관련 특허를 많이 보유하고 있어서 과학연계지수가 상대적으로 낮게 나타났다(Narin, and Olivastro 1992).

그림 2. 주요 국가의 과학연계지수

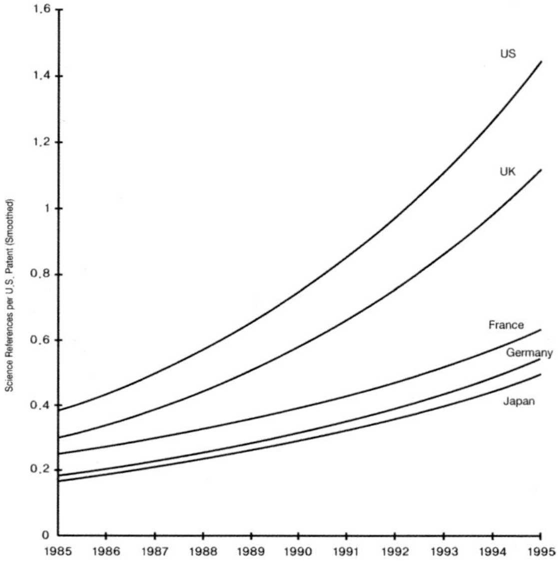

출처: Narin, Hamilton, and Olivastro 1997.

Grupp(1992)은 특허에 인용된 과학논문의 수를 '과학집약도'(science intensity)라고 정의하고 과학집약도가 높은 기술은 바이오기술, 반도체, 의약품, 유기화학이라고 밝혔다(Grupp 1992).

과학연계지수는 전체 특허 중 비특허문헌을 인용하고 있는 특허의 수가 차지하는 비율이 낮으며, 비특허문헌 중에서 과학논문을 인용하고 있는 특허는 극도로 편중되어 있어서 과학연계지수는 오류를 불러일으킬 수 있다. 또한 특정 기술 분야가 지니고 있는 과학논문에 대한 절대적 인용수치가 전반적인 과학과 기술간 상호 작용 강도를 결정하기에는 충분하지 않기 때문에 과학연계지수를 수정한 '과학 상호 작용지수'(Science Interaction Intensity)가 제안되었다(Schmoch 1993; Verbeek et al.

2002b). 과학상호작용지수는 최소한 한 건이라도 과학논문을 인용하고 있는 특허를 이 특허에 인용된 과학논문의 수로 나눔으로써 구해진다. 따라서 과학연계지수와 과학상호작용지수는 상호 보완적으로 사용되어야 한다.

$$과학상호작용지수 = \frac{특허에\ 인용된\ 과학논문의\ 수}{과학논문을\ 인용한\ 특허의\ 수}$$

2.2.3.2 기술 분야의 과학적 지식기반

일반적으로 특허에 인용된 과학논문은 특허발명자, 출원인뿐만 아니라 특허심사관이 학술연구 결과를 얼마나 활용하는지, 인용된 학문 분야의 성격이 기초과학 분야인지 아니면 응용과학 분야인지, 인용된 학문 분야의 범위가 광범위한지 아니면 협소한지, 인용되는 과학논문의 최신성 여부 등을 파악하는 데 사용된다(Meyer 2000b; Meyer 2002a).

Narin 등은 미국특허에 인용된 논문 중 73%가 공공자금으로 수행된 공공과학(public science)[3]에 의해 창출된 것이며, 공공과학의 영향도가 높다는 것을 입증하였다(Narin, Hamilton, and Olivastro 1997). 그리고 McMillan 등(2000)은 특히 바이오기술 분야가 다른 분야보다 공공과학에 더 많이 의존함을 발견하였다(McMillan, Narin, and Deeds 2000).

또한 특허에 인용된 과학논문의 수와 이로부터 산출된 정량적 지수들을 이용하여 과학과 기술간 관계가 지니고 있는 특징을 측정하고,

---

3) Narin 등은 공공과학(public science)을 정부기관이나 독립적인 재단으로부터 재정지원을 받아 학계와 공공연구기관에서 수행된 학술연구(scientific research)라고 정의하였다(Narin, Hamilton, and Olivastro 1997).

기술적 진보와 관련 있는 학술연구성과물이 지니고 있는 특징을 기술하는 데 사용할 수 있다(Tijssen, Buter, and Van Leeuwen 2000). 그리고 과학과 밀접한 관련성을 맺고 있는 기술 분야의 과학집중도를 이용하여 과학과 기술간 상호 작용을 설명할 수 있다. 특허에 인용된 과학논문을 이용하여 소수의 학문 분야와 기술 분야가 과학기술 영역 간 상호 작용의 근간을 형성하고 있다는 과학과 기술간 지식흐름의 집중화 현상이 밝혀졌다(Verbeek et al. 2002a).

미국과 유럽은 기술의 과학적 지식기반을 파악하기 위해 특허에 인용된 과학논문을 이용하고 있다. 미국과학재단(U.S. National Science Foundation)은 1996년 이후부터 'Science & Engineering Indicators'에 미국특허에 인용된 SCI 과학논문의 수를 국가별, 미국내 기관별로 산출하고, 인용된 과학논문의 학문 분야별, 발행국별 분포를 매 2년마다 발표하고 있다(U.S. NSF 2006). 유럽연합(European Commission)은 'European Report on Science & Technology Indicators'를 통해 산업체의 과학적 지식흡수능력을 발표하고 있다. 미국과 유럽연합은 기술혁신에 있어 과학이 지니는 중요성에 대한 강력한 증거로 특허에 인용된 과학논문을 이용하고 있다(European Commission 2003).

과학논문과 특허간 상호 작용은 국가보다는 기술 분야에 훨씬 민감하게 발생하는 현상이다. 특허가 속한 기술 분야에 따라 과학논문에 대한 인용빈도가 다르게 나타났다. Collins와 Wyatt(1988)는 새롭게 급성장하고 있는 기술 분야의 특허가 일반적으로 많은 수의 과학논문을 인용하며 강력한 과학적 내용을 지니고 있다는 것을 발견하였다(Collins, and Wyatt 1988).

Narin과 Olivastro(1992)는 미국특허에 인용된 과학논문의 수가 기술 분야마다 차이가 크다는 것을 발견하였다. 과학논문과 가장 밀접한 관계를 맺고 있는 두 산업 분야는 의약품과 도구 분야였으며 이 두 분야에 속한 과학논문이 전체 인용문헌 중 60%를 차지하였다(Narin, and Olivastro 1992).

Meyer-Krahme와 Schmoch(1998)는 1989년부터 1992년까지 유럽 특허청에 등록된 특허를 분석한 결과 학문 분야와 가장 밀접한 관계를 맺고 있는 기술 분야가 바이오기술, 화학제품, 소전자공학, 정보기술과 관련된 영역들이라고 밝혔다. 기계 분야와 자동차 분야의 특허보다는 의약품 분야의 특허에서 과학논문에 대한 인용이 훨씬 많이 발생하였다. 과학논문에 대한 인용빈도가 평균 이하인 기술 분야는 일반적으로 기계 또는 토목 분야에 관련된 특허였다(Meyer-Krahme, and Schmoch 1998).

Michel과 Bettels(2001)는 유럽특허의 서치리포트에서 비특허문헌 발생량이 전체 중 12%를 차지한 데 비해 생화학 분야의 하위 분야에 속하는 미생물 및 효소 분야(C12N)의 경우 이보다 5배가 많은 60% 가량의 특허에서 비특허문헌이 인용된 것을 발견하였다(Michel, and Bettels 2001).

이와 같이 과학적 연구결과에 강한 기반을 두고 있는 기술 분야의 특허가 기초연구 분야의 과학논문을 많이 인용하는 것으로 밝혀진 것은 주목할 만하다.

2.2.3.3 과학논문과 특허간 지식연계

특허에 인용된 선행기술을 이용하여 지식흐름의 경로를 추적할 수 있다. 출원특허가 등록되었다는 것은 특허에 구현된 아이디어가 과거의 지식에 비해서 새롭고 유용한 기여를 했음을 확정하는 것이다. 과거의 지식은 특허에 인용된 선행기술을 통해 나타나므로, 특허 A가논문 B를 인용하는 경우 논문 B는 특허 A가 기반으로 하고 있는 과거 지식 중 일부를 보여준다. 이러한 인용의 본질은 특허에 인용된 과학논문과 인용특허간 지식이 연계되어 있음을 보여준다.

특허인용관계는 인용특허(citing patent)와 피인용특허(cited patent)간 지식의 흐름을 분석할 수 있는 풍부한 정보를 지니고 있다(윤병운 외 2004). 뿐만 아니라 특허인용관계는 과학논문을 인용하고 있는 특허와 과학논문을 연결짓는 지식흐름을 나타내는 것으로 여겨진다(Meyer 2003).

특허에서 과학논문에 대한 인용은 기술발명이 연구활동에 의해 시작되었든 또는 동기부여가 되었든 간에 어떤 방식으로든지 관련되어 있다는 실증적 증거를 제공한다. 이 인용정보가 인과적 연계구조를 반영하는 경우 과학논문으로부터 기술특허로 직접적 지식흐름이 발생했다고 간주할 수 있다.

특허에서 학술연구의 결과물인 과학논문에 대한 인용은 과학에서 기술로, 혹은 기술에서 과학으로 유용한 지식흐름을 제공한다. 따라서 특허가 특허를 인용했다는 것은 기술이 이전되었다고 해석할 수 있으며, 과학논문을 인용했다는 것은 과학적 지식이 이전되었다고 해석할 수 있다(조황희, 박수동 2000). 특허가 과학논문을 많이 인용할수록, 과학적 지식흐름의 발생량이 많다고 해석할 수 있고, 또한 인용까지 소요된 평균시차가 짧으면 짧을수록 과학적 지식흐름의 속도가 빠르다고 해석할 수 있다.

2.3 과학논문과 특허간 지식흐름

과학적 지식이 기술발명에 많은 기여를 하고 있음을 알고 있을지라도 이들의 기여도 범위 및 특징을 측정하는 방식에 있어서는 거의 진전이 없었다. 그 이유는 잘 알려져 있지 않지만 다량의 암묵지와 형식지의 흐름이 다양하게 발생하며, 이것을 망라적으로 식별하여 기술하기 어렵기 때문으로 추정된다. 더욱이 과학적 진보가 신기술 발명으로 응용되기까지 지식이 흐르는 데 많은 시간이 소요되기 때문으로 추정된다.

과학에서 기술로 지식흐름을 추적하는 가장 분명한 방법은 특허에 인용된 과학논문을 분석하는 것이다(Schmoch 1993). 과학논문과 특허간 지식흐름이 발생하는 데 영향을 미치는 요소로 출원인과 발명자, 기술 분야, 시간적 요소를 들 수 있다.

2.3.1 지식흐름의 주체

인적 자원은 지식흐름에 있어 중요한 요소이다. 인적 자원에 의한 지식흐름은 과학논문, 특허, 또는 과학논문과 특허간 인용관계를 통해 가시화될 수 있다.

특허데이터를 이용하여 발명자 수준에서 과학과 기술간 지식흐름을 파악할 수 있다. 발명자 또는 출원인이 지니고 있는 배경은 과학논문과 특허간 지식흐름에 영향을 미친다. 발명자의 배경이 대학과 같은 학계에 소속된 연구자인지 아니면 산업계에 소속된 연구자인지에 따라 특허활동은 달라진다. 대학이 출원한 특허는 기업이나 민간인이 출원한 특허보다 과학논문을 더 많이 인용하는 경향이 있다. Meyer의 연구에 의하면 대학 연구자들은 기업체 연구소에 근무하는 연구자들보다 과학논문을 더 많이 인용하였다. 반면에 기업체 연구소에 근무하는 연구자들은 과학논문보다 특허를 더 많이 인용하였다(Meyer 2002b).

발명자가 소속된 기관유형 이외에 출원인의 규모도 특허에서 과학논문의 인용행위에 영향을 미친다. 출원인의 소속기관이 대기업, 중소기업, 연구소인지에 따라 특허에서 과학논문의 인용빈도가 달라진다. 대기업에 소속된 발명자의 경우 소규모 기업에 소속된 연구자보다 많은 연구개발 활동을 수행하며, 산업에 기반을 둔 기초연구를 많이 수행한다. 이에 따라 대기업에서는 논문발표가 많이 이루어지며 학술연구와 긴밀한 연계를 유지한다(Pavitt 1998; Meyer 2000b).

지식흐름을 매개하는 주체인 발명자 또는 출원인에 의해 지식흐름이 발생하는 경우는 다음과 같다. 첫째, 연구자가 학계와 산업계에서 적극적인 활동을 보임으로써 개인단위에서 긴밀한 과학—기술간 지식흐름이 발생한다. 둘째, 대학의 산·학연구기관에 소속된 박사과정 학생을 통해 지식흐름이 발생한다. 동일주제 분야에 종사하는 이들은 업무를 통해 박사학위논문이라는 학문적 성과와 특허라는 기술적 성과를 동시에 얻게 된다. 셋째, 특허활동과 과학활동에 적극적인 공공연구기관에 의해 지식흐름이 발생한다. 넷째, 기업에 소속된 과학자가 연구개발 결과물로써 과학논문과 특허를 모두 산출함으로써 과학과 기술간 지식흐름이 발생한다(Meyer 2002b).

지식생산자인 인적 자원을 통해 이루어지는 지식흐름은 공동협력을 통해서도 발생한다. 산업계 연구자들이 발표한 과학논문 중 44~56%가 대학내 연구자와 공동으로 수행된 것이었다(Meyer 2002a). 기업들은 자사 연구자들의 생산성 증진을 위해 외부기관과 협력하기를 원하며, 대학이나 공공연구기관과 공동으로 수행한 연구결과로부터 지적 재산권을 획득하기를 원한다(Gittelman, and Kogut 2003). 이런 측면에서 기업내 과학자들은 과학적 발견과 기술적 혁신이라는 두 세계의 교량역할을 하면서 기업이 특허를 생산하도록 한다.

2.3.2 지식흐름의 대상

지식의 생산으로부터 활용에 이르기까지 지식흐름의 규칙적인 패턴을 발견하기 위해 특허에 수록된 기술 분야를 대상으로 연구가 이루어졌다. 이들 연구에서는 선행기술로 인용된 특허가 속한 기술 분야의 지식이 신규 특허에 나타난 새로운 지식을 창출하는 데 기반이 되며, 신규 특허가 속한 기술 분야르 지식이 흘러간다는 것으로 여겨지고 있다.

과학과 기술간 지식흐름을 측정하고자 하는 대부분의 연구들은 학문 분야와 기술 분야간 상호 작용이 발생하는 영역을 발견하고 상호 작용이 발생하는 정도를 측정하는 데 중점을 두고 있다. 그리고 학문 분야와 기술 분야간 지식흐름을 측정하기 위한 분석단위도 분류코드를 사용하고 있다.

과학의 대리척도로 SCI DB에 수록된 과학논문을 이용하듯이, 학문 분야를 측정할 때 SCI DB의 학문 분야를 분석단위로 활용하고 있다. SCI 과학논문이 주로 이용되는 이유는 특허에 인용된 과학논문을 추출하는 데 수작업으로 처리해야 하는 부분이 많고 인력과 비용이 많이 소요되며, 그리고 IpIQ사(전, CHI Research Inc.)가 특허에 인용된 SCI 과학논문만 추출하여 구축한 데이터베이스를 이용하기 때문이다.

특허의 기술 분야는 특허의 표제면에 기술되는 국제특허분류표(IPC)나 각 국의 특허분류표에 의해 표현된다. 국제특허분류코드인

IPC는 국제적으로 통용되는 표준화된 특허분류체계이므로 각 국의 특허간 지식흐름을 파악할 때 유용하며, 과학논문과 특정 특허가 분류된 기술을 연결짓는 데 사용된다. 모든 국가의 특허에 공통적으로 부여되는 국제특허분류표 제7판은 섹션 8개, 클래스 118개, 서브클래스 630개, 서브그룹 64,000여 건의 코드로 구성되며 서로 상이한 계층구조를 가지고 있다. 기술 분야의 지식흐름을 측정할 때 IPC 서브클래스에 해당하는 IPC코드 4자리를 주로 사용하는데, 그 이유는 IPC 6자리 또는 IPC 8자리를 사용할 경우 과학기술 연계구조의 복잡성이 지수함수적으로 증가할 수 있기 때문이다(Verbeek et al. 2002a).

그래서 유럽연합은 학문 분야와 기술 분야간 상호 작용을 측정하기 위해 IPC 코드에 기반을 두어 기술 위주로 30개 분야로 재분류하여 OST/INPI 특허기술분류표를 개발하였다. 이 특허기술분류표는 유럽연합의 지원 아래 프랑스의 과학기술부(Observatoire Science et Technology, France)와 프랑스 특허청(Institute Nationale Propriete Industrielle: INPI), 독일의 프라운호퍼 연구회(Faunhofer Institute for Systems of Innovation Research: FhG-ISI)에 의해 개발되었으며, 전기전자, 도구 및 장치, 화학 및 바이오기술, 제조공정, 기계류, 소비재라는 6개 분야로 크게 구분된다.

이 연구에서는 IPC 분류뿐만 아니라 유럽연합에서 사용하는 OST/INPI 특허기술분류표를 이용하여 학문 분야와 기술 분야간 상호 작용을 측정하였다.

2.3.3 지식흐름의 속도

과학적 지식이 신기술 발명으로 응용되기까지 지식이 흐르는 데 많

은 시간이 소요된다. 그리고 지식흐름의 발생빈도 및 지식흐름의 속도
는 시간과 공간에 따라 달라진다.

보통 특허가 가장 많이 인용되기까지는 등록된 이후 5년 이상이 소
요된다. 일반적으로 70% 이상의 특허가 전혀 인용되지 않거나 1~2회
인용될 뿐이다. 다른 특허에 의한 인용빈도가 높은 중상위를 차지하는
특허는 5회 정도 인용된 것이며, 아주 소수의 특허만이 매우 집중적으
로 인용된다. 6회 이상 인용되는 특허는 전체 특허 중에서 최다 인용
특허 10% 이내에 해당된다(Karki 1997).

유럽특허의 경우 50% 이상의 특허가 최소한 3년 전 특허를 인용하
고 있었다(Breschi, Lissoni, and Malerba 2003). 반면 미국특허의 경우
인용특허와 피인용특허간 인용시차가 유럽특허보다 훨씬 더 크다. 미
국특허의 경우 등록특허에 선형기술로 인용된 특허 중 50% 이상이 평
균 10년 전 특허임이 발견되었다. 그러나 특허가 다른 특허에 의해 받
게 되는 인용빈도는 시간이 지남에 따라 안정화되어 갔다(Hall, Jaffe,
and Trajtenberg 2001).

지식흐름의 속도에 관한 연구는 주로 특허와 특허간 인용시차를 대
상으로 이루어졌으며, 특허와 과학논문간 인용시차를 측정한 연구는
아직 소수에 불과하다. Narin 등이 바이오기술 분야의 특허와 생명과
학 분야의 과학논문 간 인용시차를 측정한 바에 의하면, 바이오기술과
관련된 특허의 경우 과학논문에 대한 인용시차가 과학논문과 과학논
문간 인용에서 소요되는 시간만큼이나 짧았다. 의약품 및 의료 관련
특허의 경우 특허등록시점으로부터 4년~6년 전에 발표된 논문을 가
장 많이 인용하고 있었으며, 이것은 생의학 분야의 과학논문에서 발
생하는 논문 간 인용시차보다 1~2년 정도 느린 것이었다(Narin,
Hamilton, and Olivastro 1997).

2.4 국내외 선행연구

과학과 기술간 상호 작용을 연구하기 위해 특허에 인용된 과학논문을 이용하는 접근방법은 1980년대 초반 CHI Research의 Francis Narin과 그의 동료들에 의해 시작되었다. 그 이후 과학논문을 이용하여 과학과 기술간 상호 작용을 분석하는 방법은 널리 인정받게 되었다 (Narin, and Noma 1985; Collins, and Wyatt 1988; Narin, and Olivastro 1992; Schmoch 1997; Narin, Hamilton, and Olivastro 1997; Meyer 2000a, b, c; Verbeek et al. 2002a).

1990년대에는 과학과 기술간 상호 작용에 관한 정량적 분석이 주목을 받기 시작하였다(Schmoch 1993). 이 시기에는 과학과 기술간 상호 작용의 본질(Narin, and Olivastro 1992), 기술개발시 공공과학의 역할(Narin, Hamilton, and Olivastro 1997), 새로운 기술 영역에서 과학논문의 발생빈도(Van Viaenen et al. 1990; Meyer 2000a,b,c; Verbeek et al. 2002a) 측면에서 연구가 이루어졌다. 다수의 정량적 연구들이 과학논문을 포함하여 비특허문헌의 발생빈도를 집중적으로 다루었으며 과학논문과 특허간 상호 작용의 강도를 강조하였다. 그러나 여전히 방법론적 접근방법이 제한되어 있어서 과학과 기술간 상호 작용의 본질을 규명하고자 한 연구들은 소수에 불과하였다.

2000년대에 들어와서야 체계적인 특허인용연구가 이루어지기 시작했다. 최근에는 다양한 수준의 결합을 통한 분석들이 이루어지고 있으며, 과학과 기술간 상호 작용을 정량화하는 수단으로서 특허에 인용된 과학논문의 역할을 해석하는 방향으로 연구가 진전되고 있다(Tijssen et al. 2000; Tijssen 2001; Acosta, and Coronado 2003). 과학과 기술간 상호 작용에 관한 연구들이 특정 기술 분야 (Noyons et al. 1994;

Meyer-Krahmer, and Schmoch 1998; Malo, and Geuna 2000) 또는 국가(Meyer 2002a,b; Iversen 2000; Acosta, and Coronado 2003; Tamada et al. 2004)를 분석대상으로 이루어졌다. 기술 분야를 대상으로 수행된 연구들은 신생 분야로 급속한 발전을 보이고 있거나 강력한 과학적 기반을 지니고 있는 기술 분야로 제한되었다.

한편 미국특허의 표제면에 인용된 특허정보를 이용하여 지식흐름을 분석하는 새로운 접근방식이 미국 학자들에 의해 제시되었다(Jaffe, and Trajtenberg 1998). 아직 초보수준이지만 미국특허 데이터의 접근 용이성과 데이터의 고품질화로 인하여 2000년 이후부터 미국특허를 중심으로 기술 분야간 지식흐름에 대한 연구가 이루어지고 있다(Breschi, Lissoni, and Malerba 2003).

특허인용데이터를 이용하여 과학논문이 산업기술에 끼치는 중요도를 평가하거나 지식흐름의 추적과 같은 중요한 질문들에 답할 수 있다. 특히 특허인용정보를 이용하여 특허간 '지식연계'(knowledge link)뿐만 아니라, 과학자, 발명자, 기업, 지역간 지식연계를 추적할 수 있다(Breschi, Lissoni, and Malerba 2003).

그러나 특허에 인용된 과학논문을 실증적으로 분석한 지식흐름에 관한 연구는 그리 활발히 이루어지지 않고 있다. 미국특허, 유럽특허, 일본특허에 인용된 과학논문을 이용하여 지식흐름의 지리적 기원과 분포를 설명하고자 한 연구에 의하면 유럽특허의 발명자들은 자국에서 생산된 과학논문을 더 많이 이용하는 성향이 있음이 발견되었다(Verbeek et al. 2003).

국내에서 수행된 특허분석에 대한 대부분의 연구들은 특허의 서지적 정보만을 이용하여 특허의 경제적 가치나 파급효과, 혁신성과측정에 중점을 두고 있다. 최근 미국특허를 중심으로 인용특허와 피인용특허간 관계를 이용하여 기술―산업간 연계구조, 기술 분야간 지식흐름에 관한 분석이 이루어졌다(윤병운, 백재호, 박용태 2001; 윤병운 2003; 윤병운 외 2004; 이욱, 윤병운, 박용태 2004; 이원형 2004; 박규호 2005). 국내에서 특허인용분석이 미국특허를 중심으로 이루어지고 있는 것은 한국특허청에 등록된 특허가 인용정보를 수록하고 있지 않기 때문이다. 반면 미국특허의 경우 특허 표제면에 인용정보가 수록되어 있으며, 이 특허인용정보가 표준화된 형태로 기술되어 있어서 연구자들이 데이터를 처리하기 쉽기 때문이다.

국내에서는 학문 분야와 기술 분야간 지식흐름에 대한 연구가 거의 이루어지지 않았다. 과학과 기술간 지식흐름을 측정하기 위해 다량의 관계형 데이터가 필요하지만 유용한 데이터를 입수하여 과학논문을 식별하는 것이 어렵기 때문이다. 또한 개인 연구자가 이 데이터를 수집하기 어렵고 많은 시간과 비용을 필요로 하기 때문이다.

또한 한국인의 기술개발과 관련된 비특허문헌, 특히 과학논문에 대한 연구도 거의 이루어지지 않았다. 국내에서는 한국인이 미국특허청에 출원하여 등록된 특허에 대한 과학연계지수를 CHI Research사의 데이터베이스를 이용하여 산출한 적이 있을 뿐이다(윤문섭, 이우형 2003). 국내에서 과학과 기술간 상호 작용을 측정하는데 과학연계지수 산출에만 머물고 있는 이유는 특허에 인용된 과학논문에 대한 서지정보를 입수하기 어려우며, 이들 과학논문 기술방식의 비일관성 및 불규칙성, 비특허문헌의 다양성 때문에 데이터 처리가 어려우며, 분석에 필요한 서지데이터를 표준화하는 데 많은 시간과 인력이 소요되기 때문이다.

한국인이 발표하여 SCI에 수록된 논문과 한국특허청에 출원된 한국특허 또는 미국특허청에 등록된 한국인 특허를 이용하여 과학논문과 특허간의 관계를 규명하고자 한 연구가 이루어졌지만(박상인 외 2003; 박한우 외 2004), 이들 연구들은 과학논문과 특허를 각기 별도로 다루고 있어서 특허로 표현되는 기술과 긴밀한 관련성을 맺고 있는 과학적 지식기반을 파악하지 못했다.

따라서 이 연구에서는 한국특허가 아니라 미국특허를 이용했다는 데이터의 제한점이 존재하지만 한국인 특허에 인용된 과학논문을 실증적으로 분석하고, 한국인의 기술개발과 관련 있는 학문 분야를 찾아내고자 한다. 미국, 영국, 호주, 핀란드, 유럽 일부 국가들은 과학기반기술을 국가 성장동력으로 여기고 미국특허를 중심으로 자국의 기술개발과 관련된 과학적 지식기반에 관한 연구를 수행하고 있다. 한국의 과학기반기술은 이들 국가들과는 다른 형태를 지니고 있을 것이다.

Bhattacharya와 Meyer는 대다수의 과학과 기술간 연계에 관한 연구가 SCI DB에 수록된 과학논문을 중심으로 이루어진 것에 대해 지적하고 학술회의 자료에 대한 심층조사를 제언한 바 있다(Bhattacharya, and Meyer 2003). 이 연구는 SCI DB에 수록된 과학논문뿐만 아니라 SCI DB에 수록되지 않는 학술지, 학술회의자료까지 분석대상으로 포함하고 있어서 기존 연구들에 사용된 데이터와는 차별성을 지니고 있다.

또한 한국인 특허에 인용된 과학논문을 분석함으로써 한국의 기술개발에 높은 관련을 맺고 있는 학문 분야 및 학술지를 식별할 수 있게 된다. 이를 통해 산·학·연에서 실질적으로 필요한 과학적 지식정보를 제공하는 데 합리적이고 객관적인 근거자료로 사용될 수 있을 것이다.

3.1 연구설계

3.1.1 데이터 수집 및 전처리

3.1.1.1 데이터 수집

이 연구의 목적은 한국인이 출원한 미국특허에 인용된 과학논문을 이용하여 한국의 특허기술과 관련된 과학적 기반을 규명하고 이 과학논문이 한국인 특허의 향후 인용에 어떤 영향을 미치는지 밝히는 것이다. 이를 위해 한국인이 출원한 미국특허를 중심으로 세 가지 유형의 데이터를 수집하였다. 첫째, 한국인이 미국특허청에 출원하여 등록된 미국특허를 수집하였다. 둘째, 한국인 출원 미국특허의 표제면에 인용된 과학논문을 수집하였다. 셋째, 미국특허 중 한국인 특허를 표제면에 인용하고 있는 미국특허를 수집하였다.

1989년이전까지 한국인이 미국특허청에 출원하여 등록된 미국특허가 소량에 불과하며 이 특허 중 과학논문을 인용하고 있는 특허는 거의 없었다. 이 연구를 위해 1990년부터 2004년까지 출원인 또는 발명자의 국적이 한국으로 지정된 미국특허 32,935건을 KISTI가 구축한 미국특허 데이터베이스로부터 추출하였다. 그리고 미국특허 중 한국인 특허에서 비특허문헌을 인용하고 있는 특허번호를 추출하였다. 이 특허번호를 이용하여 미국특허청의 특허검색사이트에서 각 특허에 대해 검색을 실시한 후 비특허문헌을 수집하였다. 비특허문헌을 인용하고 있는 특허는 6,345건(19%)이었으며, 인용된 비특허문헌은 총 21,826건이었다. 특허 6,345건에 인용된 비특허문헌을 자료의 유형별로 구분하였다. 학술지 또는 학술회의자료에 수록된 과학논문을 인용한 특허는 4,275건이었다. 이 연구는 1990년 이후 한국인이 미국특허청에 출원하여 등록된 미국특허 32,935건 중 과학논문 14,969건을 인용한 한국인 특허 4,275건을 주요 분석대상으로 설정하였다.

특허로 등록된 한국의 기술이 다른 특허에 의해 인용되는 데 과학논문이 어떤 영향을 끼치는가에 대한 답을 찾기 위해 미국특허 중 한국인 특허를 인용하고 있는 미국특허를 KISTI가 구축한 미국특허 인용데이터베이스로부터 수집하였다. 1990년부터 2004년까지 등록된 한국인 특허 중 60%에 달하는 19,886건이 등록된 이후부터 2005년까지 미국특허 73,654건에 의해 총 99,484회 인용되었다. 그리고 과학논문을 인용한 특허 중 60%에 달하는 2,560건이 총 15,862회 인용되었다.

이 연구에서 과학논문과 특허간 상호 작용 및 지식흐름을 규명하기 위해 미국특허를 이용한 이유는 다음과 같다.

첫째, 미국특허에는 다량의 과학논문 인용정보가 수록되어 있기 때문이다. 특허기술과 과학논문 간 상호 작용 및 지식흐름을 파악하기 위해서는 관계형 데이터가 필수적이다. 미국특허를 취득하기 위해 출원인은 미국특허법에 명시된 공개 의무에 따라 출원특허와 관련된 모든 선행기술을 제출해야 하며, 특허심사관은 모든 청구항목 및 청구범위를 심사해야 한다. 따라서 미국특허에 인용된 과학논문을 이용하여 학문 분야와 기술 분야간 상호 관련성 및 지식흐름에 대해 광범위한 인지적 웹을 구성할 수 있다(Meyer 2000a). 또한 미국특허청은 특허인용정보를 포함하여 500만건 이상에 달하는 미국특허를 1976년도분 부터 기계가독형으로 이용할 수 있도록 데이터베이스로 구축하고 있다.

둘째, 미국특허는 전 기술 분야를 모두 포함하고 있으며 세계 기술을 대표하는 특징을 지니고 있기 때문이다. 미국은 세계 최대의 단일 시장이며, 특허보호수준이 높아 기대수익이 크기 때문에 세계 각국의 중요한 신기술은 거의 대부분 미국특허로 권리화되고 있다(Narin, Hamilton, and Olivastro 1997; Iversen 2000; Hagedoorn, and Cloodt 2003). 그리고 한국의 중요한 첨단기술은 시장에서 경쟁력확보뿐만 아니라 경제적 이익을 창출하기 위해 미국특허로 권리화되고 있다.

셋째, 각 국가마다 상이한 특허제도를 적용하고 있어서 일정 수준의 일관성, 신뢰도, 호환성을 유지하기 위해서는 하나의 단일 특허를 선택해야 하기 때문이다(Ahuja, and Katila 2001).

3.1.1.2 데이터 전처리 및 표준화

이 연구에서 과학기술자의 인용행태를 통해 과학논문과 특허간 지식흐름 및 상호 작용을 측정하기 위해 특허에 인용된 과학논문을 이용하였다. 미국특허의 표제면은 미국특허나 다른 나라의 특허를 포함하여 선행특허에 대한 인용정보와 비특허문헌에 대한 인용정보를 수록하고 있다. 과학논문과 특허간 지식흐름 및 상호 작용을 파악하기 위해 한국인이 출원하여 등록된 미국특허의 표제면 'Other references' 아래 인용된 비특허문헌을 모두 수작업으로 수집하였다. 특허에 인용된 비특허문헌에는 학술지, 학술회의자료, 단행본, 기타 매뉴얼이나 규격 등과 같은 등록특허 이외의 다양한 정보들이 포함된다.

그림 3. 비특허문헌의 구성

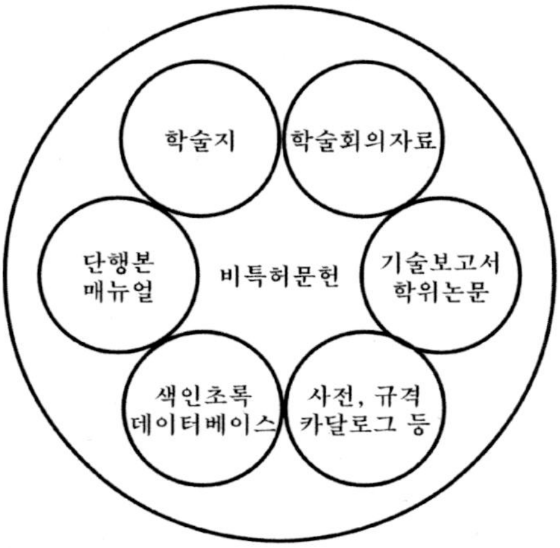

이 연구에 필요한 과학논문이 수록되어 있는 학술지와 학술회의자료를 제외하고 단행본, 매뉴얼, 규격이나 카탈로그 등과 같은 비특허문헌을 제거하였다. 과학논문은 과학커뮤니티 내에서 과학적 발견을 전달하기 위한 가장 기본적인 수단으로 사용되며 과학활동을 대표한다. 따라서 비특허문헌 중 과학논문을 식별하는 것이 과학논문과 특허간 상호 작용을 파악하는 데 가장 중요하다.

과학논문과 특허간 상호 작용을 분석하기 위해 특허에 인용된 과학논문의 서지정보를 입수하여 이 서지정보에 대한 표준화 작업을 수행하였다. 과학논문을 표준화하는 작업은 매우 노동집약적이고 많은 시간을 필요로 한다. <그림 4>에서 보듯이 미국특허 표제면에는 과학논문에 대한 서지정보가 저자명, 발행년, 논문제목, 학술지명이나 학술회의자료명, 권차나 호차, 수록 쪽수의 순서로 기술되어 있지 않으며, 프로그램을 작성하여 자동으로 표준화하기 어렵다. 또한 과학논문에 대한 서지정보의 부정확성뿐만 아니라 불완전성으로 인해 다른 서지데이터베이스로부터 과학논문에 대한 정확한 서지정보를 입수해야 했다.

그림 4. 미국특허 표제면의 과학논문 기술형식

DeLaurier, James D., An Ornithopter Wing Design, Canadian Aeronautics and Space Journal, Mar. 1994.
Jones, K.D and Platzer, M.F., An Experimental and numerical Investigation of Flapping–Wing Propulsion, 37th Aerospace Sciences Meeting and Exhibit, Jan. 1999.
Kirkpatick, Sean J., Scale Effects of the Stresses and Safety Factors in the Wing Bones of Birds and Bats, J.exp. Biol. 190, pp. 195–215, 1994.
DeLaurier, J.D and Harris, J.M, A Study of Mechanical Flapping–Wing Flight, The Aeronautical Journal of the Royal Aeronautical Society, Oct. 1993.

K. Fall and J. Pasquale, *"Improving Continuous–Media Playback Performance with In–Kernel Data Path,"* IEEE Xplore, May 1994, pp. 100–109, Boston, MA USA.

An article entitled "The Influence of Specimen Size on Measurement . . . ", By Garner et al.
An article entitled, "Capsule Design, Fabrication and Irradiation . . . ", By Saito et al., pp. 219–225.

따라서 특허 표제면의 과학논문에 포함된 키워드들을 검색어로 사용하여 Web of Science, INSPEC, Compendex 등의 색인초록 데이터베이스를 검색하였다. 검색결과 저자명, 발행년, 논문제목명, 학술지명 또는 학술회의자료명, 권차, 호차, 수록 쪽수, ISSN을 입수하고 학술지명과 학술회의자료명을 일관성 있게 통일시켰다. 따라서 1990년 이후 특허에 인용된 과학논문의 서지정보에 대한 검증과정과 수정을 거처 특허에 인용된 과학논문 14,969건을 얻게 되었다.

기술 분야와 학문 분야간 상호 작용을 파악하기 위해 과학논문을 수록하고 있는 학술지에 대해 SCI 주제 분야 코드를 부여하였다. 특허와 과학논문간 분야별 상호 작용 구조를 생성하기 위해 특허의 IPC 4자리와 SCI 학술지 주제 분야 코드를 이용하여 상호 교차표를 작성하였다.

그림 5. 과학논문 서지정보 추출 및 표준화 과정

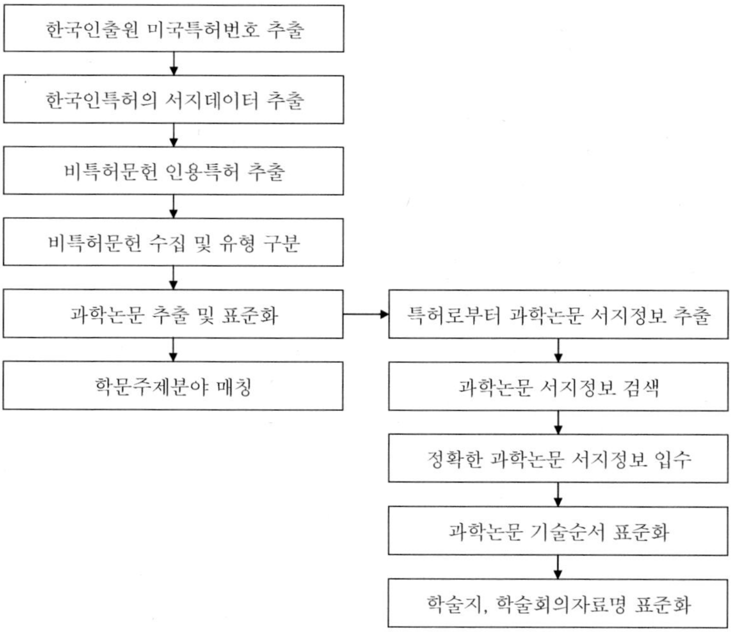

한국인출원 미국특허번호 추출

한국인특허의 서지데이터 추출

비특허문헌 인용특허 추출

비특허문헌 수집 및 유형 구분

과학논문 추출 및 표준화 → 특허로부터 과학논문 서지정보 추출

학문주제분야 매칭

과학논문 서지정보 검색

정확한 과학논문 서지정보 입수

과학논문 기술순서 표준화

학술지, 학술회의자료명 표준화

3.1.2 연구모형 및 방법

이 연구는 과학논문이 특허의 인용에 어떤 관련을 맺고 있는지 발견하기 위해 미국특허 내 한국인 특허, 이 한국인 특허에 인용된 과학논문, 한국인 특허를 인용하고 있는 미국특허들을 이용하였다. 과학논문을 인용하고 있는 특허가 다른 특허로부터 받게 되는 인용빈도 및 인용시차를 이용하여 과학논문이 지식흐름의 발생량 및 속도에 관련을 맺고 있는지를 밝히고자 한다.

이 연구는 특허에 인용된 과학논문이 특허가 기초하고 있는 과학적 기반을 파악할 수 있게 한다고 가정한다. 특허가 다른 특허에 의해 인용된다는 것은 특허가 그만큼 가치를 지니고 있다는 것을 가정하며, 다른 특허로부터 받는 인용빈도를 이용하여 지식흐름의 발생량을 파악할 수 있다.

따라서 과학논문을 인용한 한국인 특허가 다른 미국특허에 의해 인용되는 데 있어 과학논문이 어떤 관련을 맺고 있는지 밝혀낼 수 있다.

그림 6. 연구모형

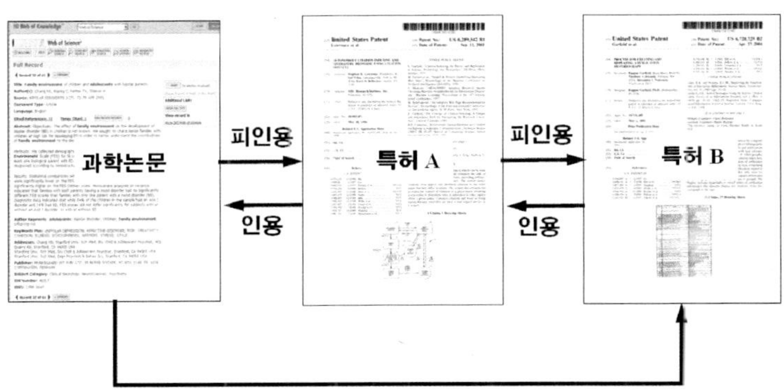

특허에서 인용된 과학논문과 이 특허간 지식흐름은 다양하게 설정
될 수 있다. 지식의 흡수, 생산, 확산이라는 일련의 지식흐름 과정에서
지식의 흡수대상에 속하는 영역으로 과학논문을 설정하였으며, 이러한
과학논문을 인용하고 있는 특허를 또 다른 특허가 인용함으로써 지식
이 확산된다고 보았다.

이 연구는 과학논문이 특허 A에 인용되기까지, 그리고 이 특허 A
가 또 다른 특허 B에 인용되기까지 특허 A에 인용된 과학논문이 특
허 A가 다른 특허에 의해 인용되는 빈도 또는 인용되기까지 소요되
는 시간과 관련 있는지를 발견하는 데 중점을 두었다. 이를 위해 미국
특허청에 등록된 한국인 특허에 인용된 과학논문으로부터 여러 개의
독립변수를 설정하였다. 독립변수에는 과학논문의 수, 과학논문의 품
질, 과학논문의 최신성을 설정하였다.

종속변수로는 지식흐름의 발생량과 지식흐름의 속도를 설정하였다.
지식흐름의 발생량과 속도를 측정하기 위해 과학논문을 인용한 특허
A가 등록된 이후에 다른 특허로부터 받게 되는 피인용횟수와 평균
피인용시차를 각기 종속변수로 설정하였다. 특허가 등록된 이후에 받
게 되는 피인용횟수는 특허 A가 선행기술로써 다른 특허의 표제면에
인용된 횟수이다. 특허 A의 피인용횟수는 특허 A가 보유한 기술적
중요도에 관한 정보를 담고 있으며, 기술을 발명한 혁신자에 대한 경
제적 가치를 나타낸다(Hall, Jaffe, and Trajtenberg 2001; Gittelman,
and Kogut 2003).

이 연구에서는 1990년부터 2004년까지 미국특허청에 등록된 한국인
특허 가운데 과학논문을 인용하고 있는 특허 4,275건을 분석대상으로
하였다. 그리고 이 특허를 인용하고 있는 미국특허를 구하여 인용횟수
와 인용시차를 각기 산출하였다.

특허와 특허간 발생하는 인용관계는 특허의 가치에 영향을 미치고 있으므로, 특허에 인용된 과학논문이 특허의 혁신가치와 관련되어 있는지를 연구할 수 있다. 이를 위해 <그림 7>과 같이 연구모형을 확장하였다.

그림 7. 확장된 연구모형

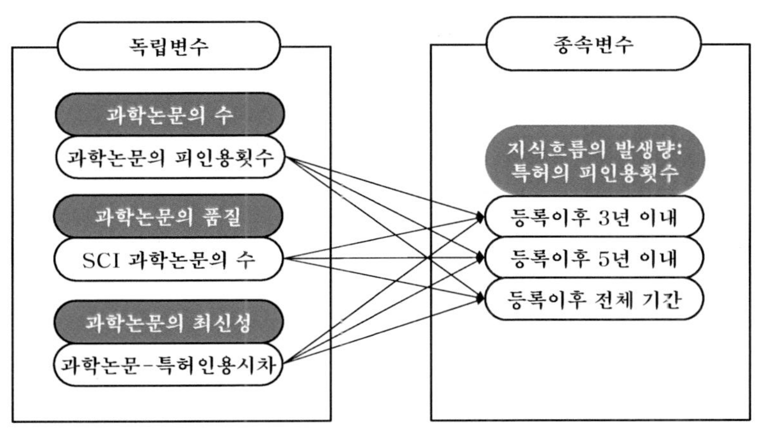

3.1.3 연구가설 및 변수

3.1.3.1 연구가설

다른 미국특허에 의해 한국인 특허가 인용되는 횟수와 인용되는 속도에 한국인 특허에 인용된 과학논문이 어떤 영향을 끼치는지 발견하기 위해 <그림 7>에서 제시한 연구모형에 근거하여 다음과 같이 연구가설을 수립하였다.

가설 1. 한국인 특허에 인용된 과학논문의 수는 다른 특허에 의해
한국인 특허가 인용되는 피인용횟수와 서로 관련이 있다.

가설 2. 한국인 특허에 인용된 과학논문의 품질은 다른 특허에 의해
한국인 특허가 인용되는 피인용횟수와 서로 관련이 있다.

가설 3. 한국인 특허에 인용된 과학논문의 최신성은 다른 특허에
의해 한국인 특허가 인용되는 피인용횟수와 서로 관련이
있다.

<가설 1>은 연구모형에서 독립변수인 과학논문에 대한 인용빈도가
두 개의 범주로 구분된 종속변수 중 특허 피인용횟수의 발생량과 관
련 있는지 검증하는 것이다. 이를 위해 먼저 일원분산분석(one-way
ANOVA)을 실시하여 과학논문이 지식흐름의 발생량에 영향을 미치는
지 파악하였다.

<가설 2>는 독립변수인 과학논문의 품질이 종속변수인 특허의 피인
용횟수에 영향을 미치는지 검증하는 것이다. 과학논문의 품질을 측
정하기 위한 대리변수로 한국인 특허에 인용된 SCI 과학논문의 수
를 이용하였다. 과학논문의 품질이 한국인 특허가 다른 특허에 의
해 받게 되는 인용횟수와 서로 관련 있는지 파악하고자 일원분산분석
(one-way ANOVA)을 실시하였다.

<가설 3>은 독립변수인 특허에 인용된 과학논문의 최신성이 이 특
허가 등록된 이후에 다른 특허에 의해 인용되는 피인용횟수에 영향을
미치는지 검증하는 것이다. 이를 위해 과학논문의 발행년과 이 과학논
문을 인용한 특허의 출원년을 계산하여 과학논문과 특허간 인용시차

를 계산하였다. 과학논문의 최신성이 한국인 특허가 다른 특허에 의해 받게 되는 피인용횟수와 서로 관련 있는지 파악하고자 일원분산분석(one-way ANOVA)을 실시하였다.

3.1.3.2 변수의 조작적 정의

연구가설을 검증하기 위해 변수에 대한 조작적 정의를 설정하였다. 미국특허 중 한국인 특허가 등록된 이후에 인용되는 것과 과학논문이 관련 있는지 설명하기 위해 사용한 독립변수는 과학논문의 수, 과학논문의 품질, 과학논문의 최신성이다.

특허에 인용된 과학논문은 기술의 과학연관도와 과학집약도를 나타내는 데 사용된다. 특허에 인용된 과학논문의 수는 기술이 과학과 얼마나 밀접한 관련성을 지니고 있는지 보여주며, 과학과 기술간 상호 작용을 설명하는 데 사용될 수 있다. 또한 특허에 인용된 과학논문은 기초연구의 경제적 유용성을 보여준다. 학문 영역에 대한 인접도가 높은 기술 분야에 속한 특허는 기초연구 분야에 속하는 과학논문을 많이 인용한다(Karki 1997). Harhoff, Scherer와 Vopel(2003)는 과학논문을 포함하여 비특허문헌이 특허의 경제적 가치에 유의미한 긍정적 영향을 끼친다는 것을 발견하였다.

이 연구에서는 과학논문에 대한 인용빈도가 높은 특허가 과학논문에 대한 인용이 적은 특허보다 향후에 다른 특허에 의해 인용될 확률이 더 많은지를 분석하고자 한다. 과학논문의 수가 한국인 특허가 등록된 이후에 다른 특허에 의해 인용되는 데 영향을 미치는지 살펴보기 위해 가설 1을 수립하였다.

학술지를 평가할 때 다른 논문에 의해 인용이 많이 발생할수록 가치 있는 정보를 담고 있다고 가정한다. 마찬가지로 특허에 인용된 과학논문이 그 기저에 놓여있는 지식의 품질을 반영할 수도 있다. 과학적 탐구를 통해 산출된 과학논문이 발명의 품질을 개선시킨다면 과학논문을 인용한 특허들은 다른 특허에 의해 더 많은 인용을 받게 되는 유리한 조건을 갖게 될 것이다(Sorenson, and Fleming 2004). 특허에 인용된 과학논문에 대한 품질을 정의하기 위해 SCI DB에 수록된 과학논문이 상대적으로 우수한 품질을 지니고 있다고 가정하였다. SCI DB를 제작하는 Thomson ISI사는 동일 학문 분야에서 영향력이 높은 학술지를 선정하여 데이터베이스를 구축하고 있으며, 학술지의 피인용빈도를 측정하여 학술지의 영향력을 발표하며, 학술지의 품질을 정기적으로 심사하여 이 학술지를 데이터베이스에 포함시킬 것인지 제외시킬 것인지를 결정한다. 따라서 이 연구에서는 SCI DB에 수록된 과학논문이 고품질을 가지고 있다고 가정한다. 우수한 품질을 지니고 있는 것으로 여겨지는 SCI 과학논문이 특허간 발생하는 인용을 예측할 수 있는 요소로 작용하는지 살펴보고자 하였다. SCI DB에 수록된 과학논문이 한국인 특허가 등록된 이후 다른 특허에 의해 인용되는 데 영향을 미치는지 살펴보기 위해 가설 2를 수립하였다.

과학논문의 출판년과 특허의 출원년 간 인용시차는 과학적 지식이 과학논문으로부터 특허에 이르기까지 소요된 시간을 의미한다. 과학논문이 생산되어 공개되는 시점을 기준으로 각 특허에 인용된 과학논문에 대해 평균 인용시차를 구하였다. 특허에 인용된 과학논문과 인용특허간 인용시차를 측정함으로써 특정 영역에 존재하는 지식흐름의 구조적 측면을 나타낼 수 있다(Meyer 2002a). 인용시차는 기존의 지식이 흡수, 확산되는 속도를 나타낸다. 인용시차가 짧다는 것은 과학논문과 기술간 상호 작용의 속도가 빠르고 기술발전의 속도가 빨라서 지식의 흐름이 가속화된다는 것을 의미한다. 또한 과학논문과 특허간 인용시차가 짧다는 것은 과학의 자본화, 상업화가 활발히 이루어지고 있음을 나타낸다. 즉 과학논문의 경제적 효과가 가시화되는 데 오랜 시간이 소요되지 않는다는 것을 의미한다. 특허와 과학논문간 인용시차가 한국인 특허가 등록된 이후 다른 특허에 의해 인용되는 데 영향을 미치는지 파악하기 위해 가설 3을 수립하였다.

이 연구에서 종속변수는 지식흐름의 발생량과 지식흐름의 속도이다. 독립변수인 과학논문의 수, 과학논문의 품질, 과학논문의 최신성이 종속변수의 변화와 관련 있는지를 검증하는 것이다. 종속변수인 지식흐름의 발생량을 측정하기 위해 한국인이 출원한 미국특허가 등록된 이후에 다른 특허에 의해 인용된 횟수와 인용되기까지 소요된 시간을 측정하였다.

특허의 피인용횟수는 특허가 등록된 이후 다른 특허에서 의해 인용된 횟수이다. 특허인용에 깔린 핵심 아이디어는 특허가 다른 특허에 의해 많이 인용될수록 이 특허가 중요한 기술적 진보를 담고 있을 것이라는 것이다. 다른 특허에 의해 가장 많이 인용된 특허는 혁신과 유의미한 상관관계를 맺고 있으며, 이 특허보다 나중에 발생하는 많은 특허들의 기반이 된다. 즉 인용이 많이 되는 특허는 중요한 최초의 발명내용을 담고 있는 성향이 강하다(Karki 1997).

특허의 피인용횟수는 특허의 가치를 결정하는 중요한 요소로 식별되었다. 특허의 피인용횟수는 특허받은 발명이 지니고 있는 기술적 영향력을 나타내는 지수이다. 일반적으로 특허의 피인용횟수는 이 특허가 가지고 있는 상대적 중요도를 나타내는 지수로 사용된다. 그리고 다른 특허에 의해 인용된 횟수가 많은 특허는 평균 이상의 기술영향력을 지닌 특허라고 여겨진다.

또한 특허가 다른 특허어 의해 인용되기까지 소요된 시간을 이용하였다. 특허가 등록되어 공개되는 시점을 기준으로 인용특허와 피인용특허간 인용시차를 구하였다. 특허간 발생하는 인용시차를 측정함으로써 특정 영역에 존재하는 지식흐름의 속도를 파악할 수 있다. 유럽특허의 경우 절반 이상의 인용정보가 최소한 3년 전에 등록된 특허였다(Breschi et al 2003). 미국특허는 유럽특허보다 더 오래된 특허를 인용하는데, 미국특허의 경우 등록된 이후 가장 많이 인용되는 시점은 평균 5년이었다. 특허의 피인용횟수 분포는 시간이 지남에 따라 수평적으로 안정화되어 간다(Hall, Jaffe, and Trajtenberg 2001). 이 연구에서는 과학논문을 인용한 한국인 특허와 이 특허를 인용한 다른 미국특허간 인용시차를 3년 이내, 5년 이내, 그리고 특허가 등록된 이후부터 2005년까지로 구분하여 한국인 특허의 피인용횟수를 구하였다.

3.2 연구결과

3.2.1 가설검증 및 분석

특허에 인용된 과학논문이 이 특허가 등록된 이후에 다른 특허에 의해 인용되는데 영향을 미치는지 검증하기 위해 한국인 특허 중 과학논문을 인용한 특허 4,275건을 분석대상으로 설정하였다. 이 연구에서는 가설검증을 위하여 'SPSS for window 12.0'을 사용하여 일원분산분석(one-way ANOVA)을 실시하였다.

분산분석(analysis of variance, ANOVA)은 서로 독립적인 셋 이상의 모집단의 평균에 대하여 그들 간에 유의한 차이가 있는지를 동시에 검정하는 방법이다. 그리고 하나의 독립변수를 이용하여 집단간 차이를 파악할 때 사용하는 분산분석이 일원분산분석이다(채서일 2003).

분산분석은 전체 분산을 이루고 있는 집단간 분산과 집단내 분산 중에서 집단간 분산이 집단내 분산보다 얼마나 큰가를 판단하여 집단 간의 차이를 검정하게 된다. 이때 F검정을 하게 되는데, 이는 집단간 평균분산을 집단내 평균분산으로 나눈 값이 된다.

3.2.1.1 과학논문의 수와 지식흐름에 대한 분석

한국인 특허에 인용된 과학논문의 수가 이 한국인 특허가 다른 특허에 의해 인용되는 횟수에 영향을 미치는지 확인하기 위해 특허에 인용된 과학논문의 수에 따라 세 개 집단으로 구분하였다.

먼저 과학논문을 인용한 한국인 특허 4,275건 중에서 과학논문을 4건 이상 인용한 특허 1,105건(25.8%)을 '상', 과학논문을 2~3건 인용한 특허 1,396건(32.7%)을 '중', 과학논문을 1건 인용한 특허 1,774건(41.5%)을 '하'로 구분하였다. 이들 집단 간 지식흐름의 발생량 차이를 밝히기 위해 분산분석을 실시하였다.

과학논문을 인용한 한국인 특허 4,275건 중 다른 미국특허에 의해 1회 이상 인용된 특허는 2,550건이었다. <표 1>에 의하면 과학논문을 인용한 한국인 특허는 등록된 이후 3년 이내에 평균 3.49회, 5년 이내에 평균 4.97회 정도 인용되는 것으로 나타났다. 그리고 과학논문을 인용한 한국인 특허는 등록된 이후부터 2005년까지 평균 6.20회 정도 다른 미국특허에 의해 인용되는 것으로 나타났다.

또한 다른 특허에 의해 1회 이상 인용된 특허 2,560건 중 87.69%가 등록된 지 3년 이내에 인용되었으며, 5년 이내에 97.3%가 인용된 것으로 나타났다.

표 1. 과학논문의 수에 따른 특허의 피인용횟수에 대한 평균과 표준편차

		피인용 특허수	평균	표준 편차	표준 오차	평균에 대한 95% 신뢰구간		최소값	최대값
						하한값	상한값		
특허의 피인용횟수 (3년 이내)	상	489	3.54	3.60	0.16	3.22	3.86	1	24
	중	737	3.44	3.85	0.14	3.16	3.71	1	34
	하	1019	3.51	3.76	0.12	3.28	3.74	1	44
	합계	2245	3.49	3.76	0.08	3.34	3.65	1	44
특허의 피인용횟수 (5년 이내)	상	537	5.05	6.17	0.27	4.53	5.57	1	56
	중	816	4.76	5.96	0.21	4.36	5.17	1	60
	하	1138	5.09	5.98	0.18	4.74	5.44	1	46
	합계	2491	4.97	6.01	0.12	4.74	5.21	1	60
특허의 피인용횟수 (전체)	상	558	6.08	9.21	0.39	5.31	6.84	1	101
	중	835	5.93	8.05	0.28	5.38	6.47	1	70
	하	1167	6.45	8.64	0.25	5.95	6.94	1	81
	합계	2560	6.20	8.59	0.17	5.86	6.53	1	101

<표 2>는 한국인 특허에 인용된 과학논문이 한국인 특허가 다른 특허에 의해 인용되는 데 미치는 영향에 대한 분산분석을 실시한 결과표이다.

표 2. 과학논문의 수에 따른 특허의 피인용횟수에 대한 분산분석

		제곱합	자유도	평균제곱	F값	유의확률
특허의 피인용횟수 (3년 이내)	집단간	3.775	2	1.888	0.134	0.875
	집단내	31649.288	2242	14.117		
	합 계	31653.063	2244			
특허의 피인용횟수 (5년 이내)	집단간	53.703	2	26.852	0.743	0.476
	집단내	89917.601	2488	36.141		
	합 계	89971.304	2490			
특허의 피인용횟수 (전체)	집단간	141.776	2	70.888	0.962	0.382
	집단내	188487.785	2557	73.714		
	합 계	188629.561	2559			

특허등록 이후 3년 이내, 5년 이내, 그리고 전체 기간 동안 한국인 특허의 피인용횟수에 대한 F 통계량은 각기 0.134, 0.743, 0.962이다. F 분포에서 유의수준 α =0.05에서 F의 임계치가 3.00인데, F 통계량보다 임계치가 더 크므로 각 집단의 평균이 동일하다는 귀무가설이 채택되었다. 이것은 F분포의 확률로 설명해도 마찬가지인데, 특허등록 이후 3년 이내, 5년 이내, 그리고 전체 기간 동안 특허의 피인용횟수에 대한 F 유의도 P값이 각기 0.875, 0.476, 0.382로 나타나 유의수준 α =0.05보다 크므로 '각 집단 간 차이가 없다'는 귀무가설이 채택되었다.

즉, 분산분석 결과에 의하면 유의수준 0.05에서 한국인 특허가 등록된 이후 3년 이내, 5년 이내, 그리고 2005년까지 과학논문의 수에 따라 피인용횟수의 평균 차이가 없다는 결론을 내릴 수 있다.

따라서 과학논문을 많이 인용한 한국인 특허가 그렇지 않은 특허보다 다른 미국특허에 의해 더 많이 인용되지 않는 것으로 나타났다. 한국인 특허에 인용된 과학논문의 수는 이 한국인 특허가 다른 특허에 의해 인용되는 데 영향을 미치지 않는 것으로 나타났다.

<표 3>에 의하면 과학논문을 인용한 한국인 특허는 등록된 이후 3년 이내에 평균 3.49회, 4~5년 이내에 평균 3.88회 정도, 6년 이후부터 평균 4.87회 정도 다른 미국특허에 의해 인용되는 것으로 나타났다. 다른 미국특허에 의해 인용되는 한국인 특허의 수는 과학논문을 적게 인용한 '하'집단에서 높게 나타났다.

표 3. 과학논문의 수, 인용시차별 특허의 피인용횟수에 대한 평균 및 표준편차

		특허수	평균	표준편차	표준오차	평균에 대한 95% 신뢰구간		최소값	최대값
						하한값	상한값		
특허의 피인용횟수 (3년 이내)	상	489	3.54	3.60	0.16	3.22	3.86	1	24
	중	737	3.44	3.85	0.14	3.16	3.71	1	34
	하	1019	3.51	3.76	0.12	3.28	3.74	1	44
	합계	2245	3.49	3.76	0.08	3.34	3.65	1	44
특허의 피인용횟수 (4~5년)	상	210	4.27	5.14	0.35	3.57	4.97	1	46
	중	316	3.82	4.20	0.24	3.35	4.28	1	28
	하	522	3.76	3.99	0.17	3.42	4.11	1	30
	합계	1048	3.88	4.31	0.13	3.62	4.14	1	46
특허의 피인용횟수 (6년 이후)	상	128	5.08	7.43	0.66	3.78	6.38	1	46
	중	219	4.58	6.16	0.42	3.76	5.40	1	45
	하	326	4.98	6.70	0.37	4.25	5.71	1	52
	합계	673	4.87	6.67	0.26	4.36	5.37	1	52

<표 4>는 한국인 특허에 인용된 과학논문이 한국인 특허가 다른 특허에 의해 인용되는데 미치는 영향에 대한 분산분석을 실시한 결과 표이다. 특허등록 이후 3년 이내, 4~5년 이내, 그리고 6년 이후부터 한국인 특허의 피인용횟수에 대한 F 통계량은 각기 0.134, 1.069, 0.314 이다. F 분포에서 F의 임계치는 3.00인데, F 통계량보다 임계치가 더 크므로 각 집단의 평균이 동일하다는 귀무가설이 채택되었다. 이것은 F분포의 확률로 설명해도 마찬가지인데, 특허가 등록된 이후 3년 이내, 4~5년 이내, 그리고 6년 이후부터 특허의 피인용횟수에 대한 F 유의도 P값이 각기 0.875, 0.344, 0.730로 나타나 유의수준 α =0.05보다 크므로 '각 집단 간 차이가 없다'는 귀무가설이 채택되었다.

즉, 분산분석 결과에 의하면 유의수준 0.05에서 한국인 특허가 등록

된 이후 3년 이내, 4~5년 이내, 그리고 6년 이후부터 과학논문의 수
에 따라 피인용횟수의 평균 차이가 없다는 결론을 내릴 수 있다.

즉, 분산분석 결과에 의하면 유의수준 0.05에서 한국인 특허가 등록
된 이후 3년 이내, 4~5년 이내, 그리고 6년 이후부터 과학논문의 수
에 따라 피인용횟수의 평균 차이가 없다는 결론을 내릴 수 있다.

표 4. 과학논문의 수, 인용시차별 특허의 피인용횟수에 대한 분산분석

		제곱합	자유도	평균제곱	F값	유의확률
특허의 피인용횟수 (3년 이내)	집단간	3.775	2	1.888	0.134	0.875
	집단내	31649.288	2242	14.117		
	합　계	31653.063	2244			
특허의 피인용횟수 (4~5년)	집단간	39.652	2	19.826	1.069	0.344
	집단내	19384.438	1045	18.550		
	합　계	19424.091	1047			
특허의 피인용횟수 (6년 이후)	집단 간	28.033	2	14.017	0.314	0.730
	집단내	29872.460	670	44.586		
	합　계	29900.493	672			

3.2.1.2 과학논문의 품질과 지식흐름에 대한 분석

한국인 특허에 인용된 과학논문의 품질이 이 한국인 특허가 다른
특허에 의해 인용되는 횟수와 인용되는 속도에 영향을 미치는지 확인
하기 위해 특허에 인용된 SCI 과학논문의 수에 따라 세 개 집단으로
구분하였다.

먼저 SCI 과학논문을 인용한 한국인 특허 2,681건 중에서 SCI 과학
논문을 4건 이상 인용한 특허 628건(23.4%)을 '상', SCI 과학논문을 2~
3건 인용한 특허 841건(31.4%)을 '중', SCI 과학논문을 1건 인용한 특허
1,212건(45.2%)을 '하'로 구분하였다. 이들 집단 간 지식흐름의 발생량

차이를 밝히기 위해 분산분석과 Scheffe 사후검증을 실시하였다.

**표 5. SCI 과학논문의 수에 따른 특허의 피인용횟수에
대한 평균 및 표준편차 (a)**

		특허 수	평균	표준편차	표준오차	평균에 대한 95% 신뢰구간		최소값	최대값
						하한값	상한값		
특허의 피인용횟수 (3년 이내)	상	230	3.11	3.28	0.22	2.69	3.54	1	24
	중	385	3.00	3.38	0.17	2.66	3.34	1	34
	하	660	3.47	3.95	0.15	3.17	3.77	1	44
	합계	1275	3.26	3.68	0.10	3.06	3.47	1	44
특허의 피인용횟수 (5년 이내)	상	257	4.18	4.59	0.29	3.62	4.75	1	28
	중	443	4.20	5.50	0.26	3.68	4.71	1	60
	하	736	4.90	6.09	0.22	4.46	5.34	1	57
	합계	1436	4.55	5.68	0.15	4.26	4.85	1	60
특허의 피인용횟수 (전체)	상	269	4.70	5.36	0.33	4.05	5.34	1	38
	중	459	5.30	7.77	0.36	4.59	6.01	1	70
	하	752	6.03	8.21	0.30	5.44	6.61	1	101
	합계	1480	5.56	7.64	0.20	5.17	5.95	1	101

SCI 과학논문을 인용한 한국인 특허 2,681건 중 다른 미국특허에 의해 1회 이상 인용된 특허는 1,480건이다. <표 5>에 의하면 SCI 과학논문을 인용한 한국인 특허는 등록된 이후 3년 이내에 평균 3.26회, 5년 이내에 평균 4.55회 정도 미국특허에 의해 인용되는 것으로 나타났으며, 등록된 이후부터 2005년까지 평균 5.56회 정도 다른 미국특허에 의해 인용되는 것으로 나타났다.

또한 다른 특허에 의해 1회 이상 인용된 특허 1,480건 중 86.15%가 등록된 지 3년 이내에 인용되었으며, 5년 이내에 97.02%가 인용된 것으로 나타났다. 다른 미국특허에 의해 인용되는 한국인 특허의 수는

SCI 과학논문을 적게 인용한 '하'집단에서 높게 나타났다.

표 6. SCI 과학논문의 수에 따른 특허의 피인용횟수에 대한 분산분석

		제곱합	자유도	평균제곱	F값	유의확률
특허의 피인용횟수 (3년 이내)	집단간	59.999	2	30.000	2.225	0.108
	집단내	17147.455	1272	13.481		
	합 계	17207.454	1274			
특허의 피인용횟수 (5년 이내)	집단간	178.507	2	89.253	2.777	0.063
	집단내	46054.471	1433	32.139		
	합 계	46232.978	1435			
특허의 피인용횟수 (전체)	집단간	395.370	2	197.685	3.399	0.034
	집단내	85891.633	1477	58.153		
	합 계	86287.003	1479			

<표 6>은 한국인 특허에 인용된 SCI 과학논문이 한국인 특허가 다른 특허에 의해 인용되는 데 끼치는 영향에 대한 분산분석을 실시한 결과표이다. 특허가 등록된 이후 3년 이내, 그리고 5년 이내 특허의 평균 피인용횟수의 F 분포에서 유의수준 α =0.05에서 F의 임계치는 3.00인데, 각 F 통계량 2.225, 2.393이 임계치보다 더 적으므로 각 집단의 평균이 동일하다는 귀무가설이 채택되었다.

한편, 등록된 이후부터 2005년까지 특허의 평균 피인용횟수의 F 분포에서 유의수준 α =0.05에서 F의 임계치는 3.00인데, F 통계량 3.399가 임계치보다 더 크므로 각 집단의 평균이 동일하다는 귀무가설이 기각되었다. 한국인 특허가 등록된 이후부터 2005년까지 피인용횟수의 집단 간 차이를 F분포의 확률로 설명해도 마찬가지인데, F 유의도 P 값이 0.034로 나타나 유의수준 α =0.05보다 작으므로 '각 집단 간 차이가 없다'는 귀무가설이 기각되었다.

즉 분산분석 결과에 의하면 특허에 인용된 SCI 과학논문의 수에 따라 특허가 등록된 이후 이 특허가 다른 특허에 의해 인용되는 평균 피인용횟수에는 유의미한 차이가 있다는 것을 알 수 있다. 이것을 Scheffe 사후분석을 통해 재확인할 수 있다.

표 7. SCI 과학논문의 수에 따른 특허의 피인용횟수에 대한 Scheffe 사후검증

| | (I) SCI 과학논문수 | (J) SCI 과학논문수 | 평균차 (I-J) | 표준오차 | 유의확률 | 95% 신뢰구간 | |
						하한값	상한값
특허의 피인용횟수 (전체)	상	중	-0.603	0.586	0.588	-2.038	0.831
		하	-1.330	0.542	0.049*	-2.658	-0.003
	중	하	-0.727	0.452	0.274	-1.834	0.380

* .05 수준에서 평균 차이가 큼.

분산분석에서는 각 집단 간의 차이와 중요도의 순서를 사후검증을 통해 확인한다. <표 7>에서 통계량으로 계산된 Scheffe 사후검증에 따르면 특허가 등록된 이후 2005년까지 유의수준 α =0.05에서 SCI 과학논문의 수에 따라 각 집단 간 특허의 피인용횟수의 평균차이가 유의하다는 것을 알 수 있다. 한국인 특허가 등록된 이후 2005년까지 피인용횟수의 집단 간 차이를 보면 SCI 과학논문을 1건 인용한 한국인 특허 '하'집단과 SCI 과학논문을 4건 이상 인용한 한국인 특허 '상'집단 간에는 유의수준 α =0.05수준에서 다른 특허에 의한 피인용횟수에 있어 유의미한 차이가 있는 것으로 밝혀졌다. 그리고 SCI 과학논문에 대한 인용횟수가 '상'집단에 속한 특허의 평균 피인용횟수는 4.70회, '하'집단에 속한 특허의 평균 피인용횟수는 6.03회로 나타났다.

Scheffe의 사후검증결과 특허의 평균 피인용횟수가 '상'집단과 '하'

집단에서 통계적으로 유의디한 차이를 보임에 따라 SCI 과학논문을 인용한 한국인 특허 2,681건 중에서 SCI 과학논문을 4건 이상 인용한 특허 628건(23.4%)을 '상', SCI 과학논문을 1~3건 인용한 특허 2,053 건(76.6%)을 '하'의 두 분류로만 구분하여 차이를 살펴보았다. 이 두 집단 간 지식흐름의 발생량 차이를 밝히기 위해 t 검정을 실시하였다.

표 8. SCI 과학논문의 수에 따른 특허의 피인용횟수에 대한 평균 및 표준편차 (b)

	SCI 과학논문 수	특허 수	평균	표준편차	평균의 표준오차
특허의 피인용횟수 (3년 이내)	상	230	3.11	3.28	0.22
	하	1045	3.30	3.76	0.12
특허의 피인용횟수 (5년 이내)	상	257	4.18	4.59	0.29
	하	1179	4.63	5.89	0.17
특허의 피인용횟수 (전체)	상	269	4.70	5.36	0.33
	하	1211	5.75	8.05	0.23

<표 8>에서 등록 이후 3년 이내 SCI 과학논문을 인용한 한국인 특허가 다른 특허에 의해 인용되는 피인용횟수는 '상'집단의 경우 평균 3.11회, '하'집단의 경우 3.30회였으며, 등록 이후 5년 이내 받게 되는 피인용횟수는 '상'집단의 경우 4.18회, '하'집단의 경우 4.63회였다. 그리고 한국인 특허가 등록된 이후부터 2005년까지 다른 특허에 의해 인용되는 피인용횟수는 '상'집단의 경우 4.70회, '하'집단의 경우 5.75회였다.

표 9. SCI 과학논문의 수, 인용시차에 따른 특허의
피인용횟수에 대한 t검정

| | | Levene의 등분산 검정 | | 평균의 동일성에 대한 t-검정 | | | | | | |
		F	유의확률	t	자유도	유의확률(양쪽)	평균차	차이의 표준오차	차이의 95% 신뢰구간 하한	상한
특허의 피인용횟수 (3년 이내)	등분산이 가정됨	0.385	0.535	0.686	1273.000	0.493	0.184	0.268	-0.342	0.709
	등분산이 가정되지 않음			0.748	373.723	0.455	0.184	0.245	-0.299	0.666
특허의 피인용횟수 (5년 이내)	등분산이 가정됨	2.546	0.111	1.154	1434.000	0.249	0.451	0.391	-0.316	1.217
	등분산이 가정되지 않음			1.351	459.921	0.177	0.451	0.333	-0.205	1.106
특허의 피인용횟수 (전체)	등분산이 가정됨	7.831	0.005	2.051	1478.000	0.040	1.055	0.514	0.046	2.063
	등분산이 가정되지 않음			2.635	572.140	0.009	1.055	0.400	0.269	1.841

독립표본 t 검정을 위해서는 먼저 두 집단의 분산의 동질성 가정을 검정하여야 한다. 이러한 분산의 동질성 여부는 Levene의 검정, 즉 F 값을 이용한다. <표 9>에서 SCI 과학논문을 인용한 한국인 특허가 등록된 이후 3년 이내, 5년 이내 다른 특허로부터 인용되는 피인용횟수의 F값은 각기 0.385, 2.546이며, 유의확률이 유의수준 0.05보다 크므로 두 집단의 분산이 동일하다는 귀무가설이 채택되어, 등분산이 가정되는 상황에서 t 검정을 실시하였다. 이때 SCI 과학논문을 많이 인용한 특허와 SCI 과학논문을 적게 인용한 특허간 차이는 등록 이후 3년 이내에 0.184, 등록 이후 5년 이내에 0.451이며 유의확률이 각기 유의수준 0.05보다 크므로 SCI 과학논문의 인용건수에 따라 특허의 피인용횟수의 '평균차이가 없다'는 귀무가설이 채택되었다.

한편, SCI 과학논문을 인용한 한국인 특허가 등록된 이후 2005년까

지 다른 미국특허에 의해 인용된 피인용횟수의 F값은 7.831이며, 유의 확률 0.005가 유의수준 0.05보다 더 작으므로 '두 모집단의 분산이 동일하다'는 귀무가설이 기각되어, 등분산이 가정되지 않는 상황에서 t 검정을 실시하였다. SCI 과학논문을 많이 인용한 특허와 SCI 과학논문을 적게 인용한 특허간 차이는 1.055이며, 유의확률 0.009가 유의수준 0.05보다 적으므로 '두 집단 간의 차이가 없다'는 귀무가설이 기각되었다. 즉 SCI 과학논문을 많이 인용한 특허와 적게 인용한 특허간에는 등록된 이후 다른 미국특허에 의해 인용되는 피인용횟수에 있어 유의수준 0.05에서 통계적으로 유의한 차이가 있는 것으로 나타났다.

따라서 SCI 과학논문을 많이 인용하고 있는 한국인 특허가 그렇지 않은 특허보다 다른 특허에 의해 더 많이 인용되지는 않은 것으로 나타났다. 과학논문을 인용하고 있는 특허 중에서 SCI 과학논문을 적게 인용한 특허가 다른 특허에서 더 많이 인용된다는 것을 알 수 있다.

이와 같은 결과가 나온 이유는 다른 미국특허에 의해 인용이 많이 되는 한국인 특허가 반도체 분야에 포함되기 때문으로 여겨진다. 한국인 특허에서 특허 한 건당 SCI 과학논문을 많이 인용하고 있는 기술 분야는 화학 및 바이오기술 분야이며, SCI 과학논문보다는 학술회의 자료에 수록된 과학논문을 더 많이 인용하고 있는 기술 분야는 광기술과 반도체를 포함하고 있는 전기전자 기술 분야였다.

3.2.1.3 과학논문의 최신성과 지식흐름에 대한 분석

한국인 특허에 인용된 과학논문의 최신성이 이 한국인 특허가 다른 특허에 의해 인용되는 횟수에 영향을 미치는지 확인하기 위해 한국인 특허와 과학논문 간 평균 인용시차를 세 개 집단으로 구분하였다. 과학논문을 인용한 한국인 특허 4,275건 중에서 과학논문과 특허간 평균 인

용시차가 짧은 처음 30%에 해당하는 특허 1,276건을 '상', 그 이후 인용
시차 40%에 해당하는 특허 1,713건을 '중', 나머지 30%에 해당하는 특
허 1,285건을 '하'로 구분하였다. 이들 '상', '중', '하'집단의 평균 인용시
차는 대략 5년 정도의 차이를 보였다. 이들 집단 간 지식흐름의 발생량
차이를 밝히기 위해 분산분석과 Scheffe 사후검증을 실시하였다.

**표 10. 과학논문―특허간 평균 인용시차에 따른 특허 피인용횟수의
평균 및 표준편차**

		특허수	평균	표준편차	표준오차	평균에 대한 95% 신뢰구간		최소값	최대값
						하한값	상한값		
특허의 피인용횟수 (3년 이내)	상	800	3.96	4.23	0.15	3.66	4.25	1	44
	중	892	3.57	3.69	0.12	3.33	3.81	1	34
	하	553	2.69	2.91	0.12	2.45	2.94	1	28
	합계	2245	3.49	3.76	0.08	3.34	3.65	1	44
특허의 피인용횟수 (5년 이내)	상	877	5.81	6.81	0.23	5.35	6.26	1	57
	중	971	5.08	6.15	0.20	4.69	5.47	1	60
	하	643	3.68	4.13	0.16	3.36	4.00	1	34
	합계	2491	4.97	6.01	0.12	4.74	5.21	1	60
특허의 피인용횟수 (전체)	상	896	7.39	10.24	0.34	6.72	8.06	1	81
	중	989	6.11	8.30	0.26	5.59	6.62	1	101
	하	675	4.74	5.97	0.23	4.29	5.19	1	59
	합계	2560	6.20	8.59	0.17	5.86	6.53	1	101

<표 10>에 의하면 특허와 과학논문간 평균 인용시차는 한국인 특
허가 등록된 이후 3년 이내에 평균 3.49회, 5년 이내에 평균 4.97회,
등록 이후 모든 기간에 걸쳐 평균 6.20회 정도 다른 미국특허에 의해
인용되는 것으로 나타났다. 과학논문-특허간 인용시차가 '중'집단에 속
한 특허가 등록된 이후 3년 이내, 5년 이내, 그리고 등록된 이후 2005

년까지 가장 많이 인용되는 것으로 나타났다.

**표 11. 과학논문—특허간 평균 인용시차에 따른 특허 피인용횟수의
분산분석**

		제곱합	자유도	평균제곱	F값	유의확률
특허의 피인용횟수 (3년 이내)	집단간	531.026	2	265.513	19.127	0.000
	집단내	31122.037	2242	13.881		
	합 계	31653.063	2244			
특허의 피인용횟수 (5년 이내)	집단간	1688.316	2	844.158	23.790	0.000
	집단내	88282.988	2488	35.484		
	합 계	89971.304	2490			
특허의 피인용횟수 (전체)	집단간	2710.555	2	1355.278	18.640	0.000
	집단내	185919.006	2557	72.710		
	합 계	188629.561	2559			

<표 11>은 한국인 특허와 이 특허에 인용된 과학논문간 평균 인용시차가 다른 특허에 의해 한국인 특허가 인용되는 피인용횟수에 미치는 영향에 대한 분산분석을 실시한 결과표이다. 특허가 등록된 이후 3년 이내, 5년 이내, 그리고 등록된 이후 2005년까지 평균 피인용횟수의 F 분포에서 유의수준 α =0.05에서 F의 임계치는 3.00인데, 각 F값 19.127, 23.790, 18.640이 임계치보다 더 크므르 각 집단의 평균이 동일하다는 귀무가설이 기각되었다. 이것은 F분포의 확률로 설명해도 마찬가지인데, 특허가 등록된 이후 3년 이내, 5년 이내, 그리고 등록된 이후 2005년까지 평균 피인용횟수의 F 유의도 P값이 모두 0.000으로 나타나 유의수준 α =0.05보다 작으므로 '각 집단 간 차이가 없다'는 귀무가설이 기각되었다.

즉 분산분석 결과에 의하면 특허에 인용된 과학논문의 평균 인용시차에 따라 등록된 이후 3년 이내, 5년 이내, 그리고 등록된 이후 2005

년까지 이 특허가 다른 특허에 의해 인용되는 평균 피인용횟수에 각 집단마다 유의미한 차이가 있다는 것을 알 수 있다. 이것을 Scheffe 사후분석을 통해 재확인할 수 있다.

표 12. 과학논문─특허간 평균 인용시차에 따른 특허 피인용횟수의 Scheffe 사후검증

	(I)과학논문 -특허 인용시차	(J)과학논문 -특허 인용시차	평균차 (I-J)	표준 오차	유의 확률	95% 신뢰구간	
						하한값	상한값
특허의 피인용횟수 (3년 이내)	상	중	0.388	0.181	0.102	-0.057	0.832
		하	1.264	0.206	0.000*	0.759	1.768
	중	하	0.876	0.202	0.000*	0.382	1.370
특허의 피인용횟수 (5년 이내)	상	중	0.727	0.277	0.033*	0.047	1.406
		하	2.122	0.309	0.000*	1.365	2.880
	중	하	1.396	0.303	0.000*	0.654	2.137
특허의 피인용횟수 (전체)	상	중	1.285	0.393	0.005*	0.322	2.249
		하	2.647	0.435	0.000*	1.583	3.711
	중	하	1.361	0.426	0.006*	0.319	2.404

* .05 수준에서 평균차가 큼.

<표 12>에서 Scheffe 통계량으로 계산된 사후검증을 보면 유의수준 0.05에서 특허에 인용된 과학논문과 이 특허의 평균 인용시차에 따라 한국인 특허가 등록된 이후 3년 이내, 5년 이내, 그리고 2005년까지 다른 특허로부터 받게 되는 피인용횟수의 평균 차이가 유의미한 것으로 나타났다.

등록된 지 3년 이내에 다른 특허로부터 받는 피인용횟수에 있어 과학논문과 특허간 인용시차가 '하'집단에 속한 특허는 유의수준 α =0.05 에서 '상'집단, '중'집단과는 유의미한 차이가 있는 것으로 밝혀졌다.

또한 등록된 지 5년 이내에, 그리고 등록 이후에 받게 되는 피인용횟수에 있어 과학논문과 특허간 인용시차에 따라 '상'집단, '중'집단, '하'집단 간에는 유의수준 α =0.05에서 각기 유의미한 차이가 있는 것으로 밝혀졌다.

　<표 10>에서 각 집단 간 평균값을 비교하면, 등록된 지 3년 이내에 다른 특허에 의해 인용된 한국인 특허 중 과학논문과 특허간 인용시차가 긴 '하'집단에 속한 특허의 평균 피인용횟수는 2.69회로 인용시차가 짧은 '상'집단의 3.96회, '중'집단의 3.57회보다 낮았다. 등록된 지 5년 이내에 다른 특허에 의해 인용된 한국인 특허 중 과학논문과 특허간 인용시차에 따른 평균 피인용횟수는 '상'집단 5.81회, '중'집단 5.08회, '하'집단 3.68회로 인용시차가 짧은 '상'집단의 피인용횟수가 가장 높았다. 등록 이후 다른 특허에 의해 인용되는 시차에 관계없이 평균 피인용횟수는 '상'집단 7.39회, '중'집단 6.11회, '하'집단 4.74회로 '상'집단의 피인용횟수가 가장 높았다.

　따라서 과학논문과 이 특허간 평균 인용시차가 짧을수록 다른 특허에서 인용되는 빈도가 높은 것으로 나타났다. 한국인 특허와 과학논문간 인용시차가 짧을수록 다른 특허에 의해 더 많이 인용되는 이유는 반도체와 광기술 분야에 속한 특허 때문인 것으로 여겨진다. 반도체 또는 광기술 분야에 속한 특허들은 과학논문과의 인용시차가 다른 특허에 비해 짧다. 그리고 이들 분야는 응용연구에 기반을 두고 있어서 기술개발 속도가 빠른 분야이기 때문이다.

3.2.2 상호 작용 결과분석

특허가 과학논문을 많이 인용하면 할수록 과학적 지식의 상호 작용이 많다고 해석할 수 있고, 또한 인용까지 평균시차가 짧으면 짧을수록 과학적 지식의 흐름속도가 빠르다고 해석할 수 있다. 과학논문과 특허를 대상으로 과학집약도가 높은 기술 분야, 여러 학문 분야를 가장 많이 인용하고 있는 기술 분야, 그리고 여러 기술 분야에서 가장 많이 인용되는 학문 분야를 발견할 수 있다. 또한 상이한 기술 분야들의 기반이 되는 학문 분야의 인접도를 측정하여 유사한 과학기반 기술군을 찾을 수 있다.

이 장에서는 어떤 유형의 지식이 기술혁신에 있어 가장 기초가 되는지, 어떤 기술 분야가 과학적 지식을 가장 역동적으로 활용하는지, 그리고 산업계의 요구와 가장 긴밀한 관계를 맺고 있는 학문 분야는 어떤 분야인지를 발견하고자 한다.

3.2.2.1 과학논문과 특허간 상호 작용 집중화

한국인이 출원한 미국특허에 인용된 과학논문을 살펴보면 한국의 기술발전과 관련된 과학논문과 특허간 연계분포가 아주 편향되어 있으며 집중적으로 발생하는 것으로 나타났다.

과학과 특허간 상호 작용을 측정하기 위해 과학연계지수와 과학상호작용지수를 사용하였다. 과학연계지수는 전체 특허에 대해 특허 1건당 인용된 평균 과학논문의 수이며, 과학상호작용지수는 과학논문을 인용하고 있는 특허 1건당 인용된 평균 과학논문의 수이다. 이 지수들은 모두 특허 1건당 인용된 과학논문의 수를 이용하지만 과학연계지수와 과학상호작용지수는 각 기술 분야별로 상이한 결과 값을 보여준다.

(1) 특허 등록년별 과학논문 인용분포

미국특허를 통해 기술개발과 관련된 한국인 지식기반 수준을 살펴보면, 1990년 이후 한국인이 출원하여 등록된 미국특허 32,935건 중에서 과학논문을 인용하고 있는 특허는 4,275건으로 전체 등록특허 중 13%에 불과하였으며 소수의 특허가 과학논문을 집중적으로 인용하였다. 특허 4,275건에 인용된 과학논문은 총 14,969건으로 특허 1건당 평균 3.5건의 과학논문을 인용하고 있었다. <표 13>에서 보듯이 과학논문을 인용하고 있는 등록특허 수의 증가와 함께 특허 1건당 과학논문의 수는 지속적으로 증가하고 있다.

표 1 3 . 연도별 한국인 특허와 과학논문 현황

등록연도	1990	1991	1992	1993	1994	1995	1996	1997	1998	1999	2000	2001	2002	2003	2004	계
등록특허 수	35	33	342	774	933	1171	1500	1904	3298	3639	3361	3603	3843	3980	4519	32935
과학논문을 인용한 특허	3	4	30	82	91	159	185	241	398	471	481	510	492	543	585	4275
인용된 과학논문의 수	10	9	73	215	206	405	509	610	1164	1301	1307	1820	1885	2758	2697	14969
과학연계지수	0.29	0.27	0.21	0.28	0.22	0.35	0.34	0.32	0.35	0.36	0.39	0.51	0.49	0.69	0.60	0.45
과학상호작용 지수	3.33	2.25	2.43	2.62	2.26	2.55	2.75	2.53	2.92	2.76	2.72	3.57	3.83	5.08	4.61	3.50

그러나 한국의 기술활동과 과학논문 간 연관성은 1990년대에 비해 2000년 이후에 점진적으로 증가하고 있다. 2000년부터 2004년까지 특허에 인용된 과학논문은 10,467건으로 1990년부터 특허에 인용된 전체 과학논문 중 69.92%를 차지하고 있다. 즉 2000년 이후 특허기술과 관련된 과학논문은 지식흐름 발생량 측면에서 뚜렷한 차이를 보인다. 매년 과학논문과 특허의 관련도가 조금씩 증가하고 있으며, 한국의 기술개발에 있어 과학논문의 역할이 증가하고 있으며, 간접적인 배경지식

을 형성하고 있음을 보여준다.

<표 13>에서 보듯이 과학논문을 인용하고 있는 특허의 수는 1994년 91건에서 2004년 585건으로 6.4배 증가하였지만, 특허에 인용된 과학논문의 수는 1994년 206건에서 2004년 2,697건으로 동일기간 동안 13배 이상 증가하였다. 2000년 이후부터 기술활동 결과물인 특허의 생산량보다 특허 내에서 과학논문의 인용빈도가 더 빠른 속도로 증가하고 있다.

표 14. 과학논문을 인용한 특허의 수

과학논문 수	1990-1994 특허 수	%	누적 %	1995-1999 특허 수	%	누적 %	2000-2004 특허 수	%	누적 %
1	110	52.38	52.38	673	46.29	46.29	991	37.95	37.95
2	43	20.48	72.86	268	18.43	64.72	520	19.92	57.87
3	18	8.57	81.43	188	12.93	77.65	359	13.75	71.62
4	16	7.62	89.05	114	7.84	85.49	185	7.09	78.71
5	6	2.86	91.90	60	4.13	89.61	102	3.91	82.61
6	4	1.90	93.81	51	3.51	93.12	118	4.52	87.13
7	2	0.95	94.76	22	1.51	94.64	75	2.87	90.00
8	2	0.95	95.71	9	0.62	95.25	44	1.69	91.69
9	1	0.48	96.19	14	0.96	96.22	36	1.38	93.07
10	2	0.95	97.14	14	0.96	97.18	18	0.69	93.76
11	3	1.43	98.57	11	0.76	97.94	15	0.57	94.33
12	0	0.00	98.57	6	0.41	98.35	17	0.65	94.98
13	2	0.95	99.52	1	0.07	98.42	22	0.84	95.83
14	0	0.00	99.52	3	0.21	98.62	14	0.54	96.36
15	0	0.00	99.52	3	0.21	98.83	12	0.46	96.82
16	0	0.00	99.52	4	0.28	99.11	7	0.27	97.09
17	0	0.00	99.52	3	0.21	99.31	8	0.31	97.40
18	0	0.00	99.52	1	0.07	99.38	4	0.15	97.55
19	0	0.00	99.52	0	0.00	99.38	6	0.23	97.78
20 이상	1	0.47	100	9	0.61	100	58	2.22	100
합계	210	100		1,454	100		2,611	100	

<표 14>에 의하면 과학논문을 인용한 특허 중에서 과학논문을 1건 인용한 특허가 1990년~1994년 52.38%, 1995년~1999년 46.29%, 2000년~2004년 37.95%이었으며, 과학논문을 2건 인용한 특허는 각 시기별로 20.48%, 18.43%, 19.92%였다. 과학논문을 3건 인용한 특허는 각 시기별로 8.57%, 12.93%, 13.75%로 증가현상을 보였다. 한국의 과학적 지식기반이 취약하여 한국의 기술이 과학적 지식과는 별개로 개발되었지만, 점차적으로 기술과 과학적 지식과의 관련도가 증가하고 있으며 과학적 지식에 대한 연계강도가 증가하고 있음을 보여준다.

(2) 기술 분야별 과학논문 인용빈도

한국의 기술개발과 관련하여 가장 높은 상호 작용을 보이는 기술 분야는 전기전자기술과 관련된 분야이다. 특히 광기술(optics)과 반도체 분야의 특허에서 과학논문의 인용빈도가 두드러지게 높았다.

그림 8. 과학논문 인용빈도가 높은 특허 기술 분야

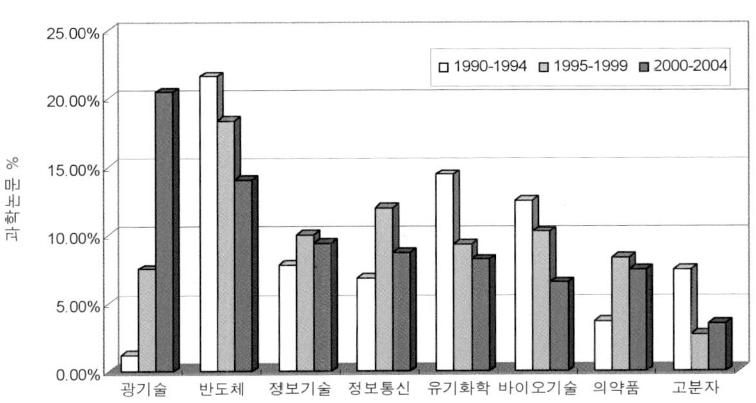

과학논문 인용빈도가 높은 특허 기술분야

첨단기술 분야는 기술발전속도가 더욱 빠르고 과학논문에 대한 집중도가 강한 분야로 최신 과학논문을 최대한 활용하고 있다. 미국과 영국을 비롯한 선진국의 경우 의약품 및 바이오기술 분야가 과학논문에 대한 인용빈도가 가장 높은 영역으로 과학관련도가 가장 높은데 반해 한국에서는 반도체 및 광기술 관련 분야가 과학관련도가 가장 높은 영역으로 나타났다.

1990년~2004년동안 한국인 특허에서 과학논문을 가장 많이 인용하고 있는 기술 분야는 광기술(16.35%), 반도체(15.43%), 정보기술(9.51%), 정보통신(9.49%) 관련분야로 나타났다. 그 뒤를 이어 유기화학 분야(8.68%), 바이오기술(7.68%), 의약품(7.52%) 분야에 속한 특허기술에서 과학논문을 많이 인용하였다(부록 5, 부록 7 참조).

1990년~1994년동안 과학논문을 가장 많이 인용한 기술 분야는 <그림 8>에서 보듯이 반도체, 유기화학, 바이오기술, 정보기술이다. 1990년대 중반 이후부터 반도체, 유기화학, 바이오기술의 과학논문 인용비율은 감소하였으며, 대신에 정보통신, 정보기술, 광기술에서 과학논문과의 상호 작용이 증가하였다. 그러나 1995년~1999년동안 반도체와 바이오기술은 여전히 과학논문에 대한 인용빈도가 높은 기술 분야에 포함되었다. 2000년~2004년동안 광기술 분야의 과학논문 인용비율이 가장 높았으며, 반도체, 정보기술, 정보통신 분야의 과학논문 인용빈도는 다른 기술 분야에 비해 많은 비중을 차지하고 있었다.

1990년부터 2004년까지 과학집약적 기술 분야로 선두를 차지한 광관련 기술 분야는 1990년대 상반기 1.17%, 1990년대 하반기 7.47%, 2000년대 상반기 20.48%로 가파른 상승을 보였다. 또한 과학논문을 인용한 특허의 비율도 1990년대 상반기 2.38%에서 2000년대 상반기 12.06%로 높은 증가율을 보였다(부록 7 참조).

<그림 9>는 특허 기술 분야별 과학연계지수이다. 바이오기술 분야에 해당하는 특허의 경우 특허 1건당 과학논문에 대한 인용빈도가 5회 이상으로 가장 높게 나타났다. 이것은 바이오기술 분야에 속한 특허를 개발하는 데 관련된 과학논문이 특허 1건당 최소한 5편 이상 인용된다는 것을 의미한다. 바이오기술 다음으로 높은 과학연계지수를 보이는 분야는 의약품, 유기화학, 고분자 분야이다. 이들 과학연계지수가 높은 분야는 기초과학에 대한 의존도가 높은 기술 분야들이다.

그러나 반도체와 광 관련 기술 분야에 속한 특허는 과학논문에 대한 인용빈도가 바이오기술이나 의약품 분야에 비해 훨씬 많지만 과학연계지수가 낮게 나타났다. 그 이유는 반도체, 광기술, 정보기술이나 정보통신 분야에 속한 특허에 1건당 인용된 평균 과학논문의 수가 적을 뿐만 아니라 과학논문을 인용하지 않은 특허가 훨씬 많기 때문이다.

그림 9. 특허 기술분야별 과학연계지수

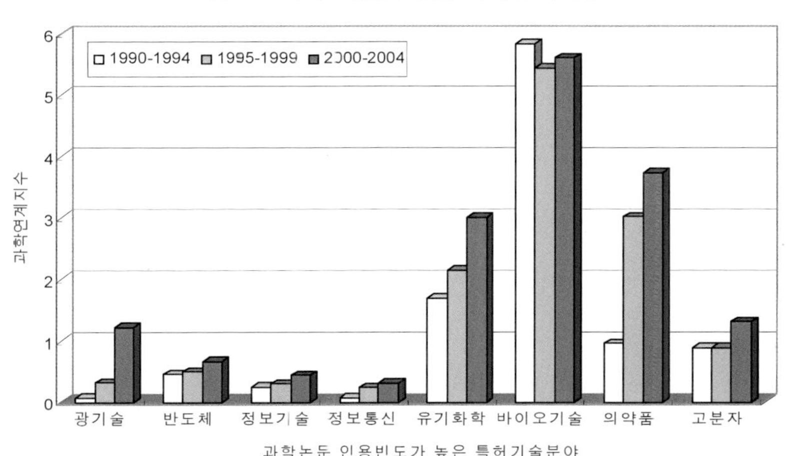

과학연계지수가 지니고 있는 제한점을 보완하기 위해 과학상호작용지수를 이용하여 과학논문을 인용한 특허만을 대상으로 과학집약도를 측정하였다. 과학상호작용지수를 이용하였을 경우 특허 한 건당 인용된 과학논문의 수는 훨씬 많아진다. 과학논문을 인용하고 있는 특허 한 건당 평균 과학논문 인용빈도는 바이오기술과 약품 분야에서 가장 높으며, 그다음 유기화학과 고분자 분야에서 높은 지수를 보이고 있다.

<그림 10>에서 보듯이 의약품 및 바이오기술 관련분야의 경우 과학논문을 인용한 특허 1건이 생산되기 위해 관련된 평균 과학논문의 수가 1990년대 상반기 9.14건에서 2000년대 상반기 7.45건으로 감소하였으며, 의약품 관련 특허는 2.71건에서 7.18건으로 증가하였다. 광기술 분야의 과학상호작용지수를 보면 특허 1건당 평균 과학논문 인용빈도가 1990년대 상반기 1.20에서 2000년대 상반기 6.81로 증가하였다. 광기술 분야의 과학집약도의 증가가 과학연계지수에서는 보이지 않지만 과학상호작용지수를 통해 확연하게 드러났다(부록 7 참조).

그림 10. 특허 기술분야별 과학상호작용지수

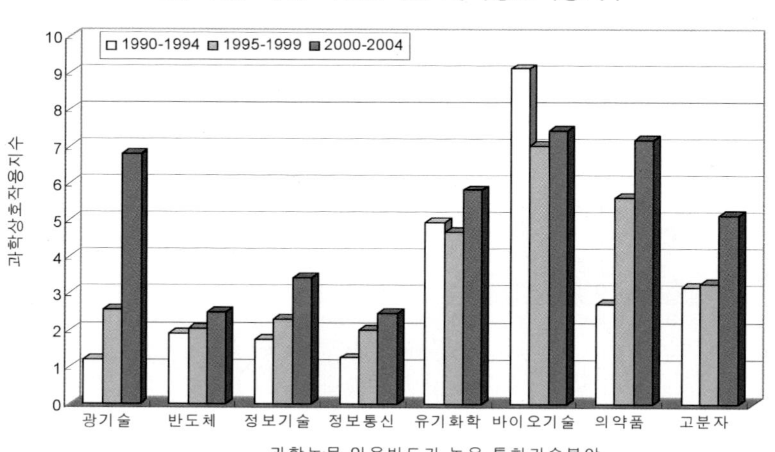

(3) 출원인별 과학논문 인용빈도

미국특허 중 한국인 특허를 보유하고 있는 출원인 유형을 크게 기업체, 공공연구기관, 대학, 개인으로 구분할 수 있다. <그림 11>은 출원인별로 과학논문을 인용하고 있는 특허 수를 살펴본 것이다. 출원인의 유형 및 소속기관에 따라 기술개발시 과학적 지식의 활용 정도에 차이가 있음을 보여준다.

한국에서 기술지식은 기업에 의해 주도적으로 생산되고 있고, 전체 과학논문에 대한 인용이 기업에 의해 가장 많이 이루어졌지만, 출원인별 과학논문 인용 특허비율로 접근하였을 때 기업의 과학적 지식에 대한 의존도는 대학이나 공공연구기관에 비해 상대적으로 낮다. 공공연구기관은 특허기술지식을 생산할 때 학문 분야와 활발한 상호 작용을 하며, 과학논문과 연계가 비교적 활발함을 보여준다. 과학적 지식을 창출하는 주요 생산 주체인 대학의 경우 과학논문을 인용하는 특허가 공공연구기관에 비해 상대적으로 적다. 이것은 대학이 공개적으로 유통되는 지식보다는 무형적인 암묵지에 많이 의존하여 기술개발이 이루어지고 있기 때문이라고 여겨진다. 한국 대학의 경우 다른 기관과 공동으로 수행한 연구개발 성과를 지적 재산권으로 권리화하지 못하고 있으며, 대학의 특허활동이 매우 저조함을 보여준다.

그림 11. 출원인 유형별 과학논문 인용특허 비율

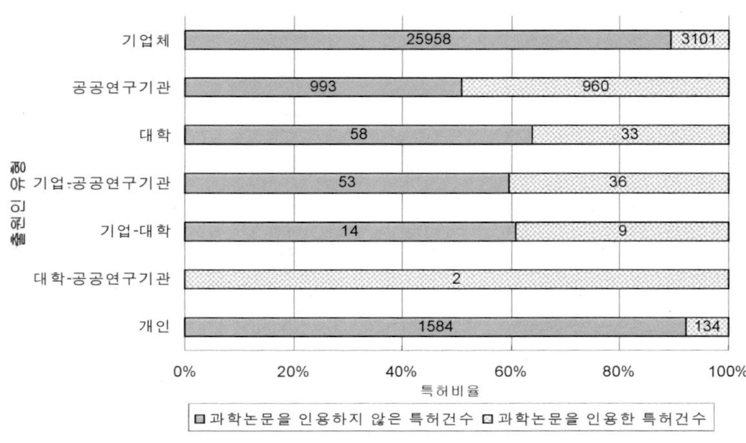

<그림 12>는 기업, 공공연구기관, 대학이 각기 활발한 과학관련도를 보이는 IPC 기술 분야이다. 기업이 과학활동과 가장 밀접한 관련을 보이는 기술 분야는 반도체(H01L) > 광기술(G02F, G02B)> 의약품 (A61K) > 정보통신(G06K) > 유기화학(C07D) 순이며, 기업이 기술을 개발할 때 가장 역동적인 과학기반 기술 분야는 반도체인 것으로 나타났다.

전자통신기술연구원(ETRI)과 한국과학기술연구원(KIST)을 포함한 공공연구기관이 보유한 특허에서 과학논문 인용빈도가 높은 기술 분야는 <그림 12>에서 보듯이 반도체(H01L) > 바이오기술(C12N) > 의약품(A61K) > 광기술(G02B) > 고분자(C08F) 순으로 나타났다. 한국 대학의 특허활동은 기업이나 공공연구기관에 비해 상대적으로 저조하지만 <그림 12>에서 보듯이 과학기반이 강한 기술 분야는 바이오기술(C12N) > 정보통신(G06K) > 의약품(A61K) > 유기화학(C07C) 순으로 나타났다.

그림 12. 출원인별 과학논문 인용빈도가 높은 기술 분야

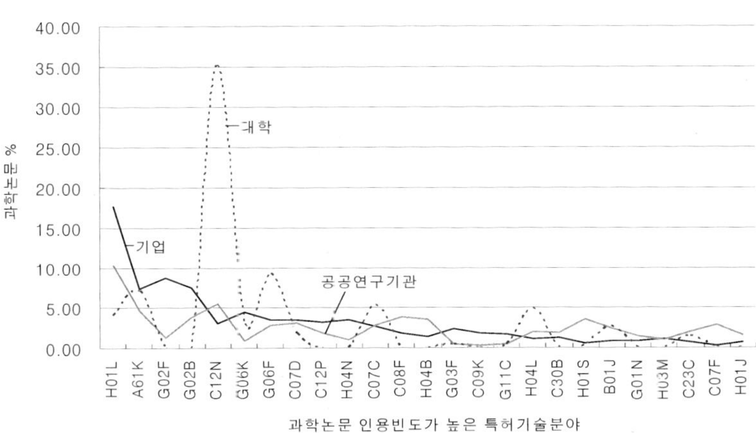

기업과 공공연구기관은 강도는 상이하지만 유사한 영역에서 과학관련도를 나타내고 있다. 공공연구기관은 기업과 대학에서 강점을 보이는 과학기반 기술 분야를 모두 다루고 있어서 기업과 대학을 연결짓는 교량역할을 할 수 있을 것으로 보인다. 공공연구기관은 기업의 과학기반 기술 분야인 반도체와 대학의 과학기반 기술 분야인 바이오기술의 과학논문 인용빈도가 높게 나타났다. 과학지식에 대한 접근성이 높고 공공과학의 성격이 강한 공공연구기관과 대학에서는 바이오기술과 의약품 분야에 대한 과학논문 인용빈도가 높게 나타났다. 바이오기술과 의약품 분야는 미국과 영국을 비롯하여 선진국의 특허에서 가장 과학집약적 기술로 여겨지고 있다.

3.2.2.2 학문 분야와 특허 기술 분야간 상호 작용

특허에 인용된 과학논문 또는 과학논문에 인용된 특허는 과학활동 영역과 기술활동 영역을 연결짓는 교량역할을 한다. 과학논문과 특허간 연계를 통해 학문 분야와 기술 분야간 집중화 현상 또는 상호 작용 역동성을 파악할 수 있다. 특허와 과학논문간 상호 작용을 파악하는 것은 산업분야의 연구개발에 영향을 끼칠 것으로 예측되는 학문분야를 지원해야 하는 정책결정자에게 특히 중요하다.

과학논문이 포함되는 학문 분야와 특허가 포함되는 기술 분야간 상호 작용을 분석하기 위해 특허에 인용된 과학논문 중 SCIE(Science Citation Index Expanded) 데이터베이스에 수록된 과학논문을 이용하였다. 1990년부터 2004년까지 미국특허청에 등록된 한국인 특허 중 SCIE 과학논문을 인용하고 있는 특허는 2,791건이었다. 이 특허에 인용된 SCIE 과학논문은 9,205건으로 한국인 특허에 인용된 전체 과학논문 14,969건 중에서 61%를 차지한다.

전 세계 모든 특허는 국제특허분류표에 따라 분류된다. 국제특허분류표의 서브클래스 630개를 기준으로 30개 기술 분야로 구분한 OST/INPI 특허기술분류표에 따라 한국인 특허의 기술 분야를 구분하였다. 또한 SCIE 데이터베이스에 사용된 183개의 학문 분야 코드를 과학논문에 부여하였다.

SCIE 과학논문을 인용하고 있는 한국인 특허에 부여된 IPC 기술 분야 코드는 모두 166개였으며, SCIE 과학논문에 부여된 학문 분야 코드는 모두 115개였다. 학문 분야와 기술 분야간 상호 작용을 파악하기 위해 166개 기술 분야와 115개 학문 분야로 이루어진 상호 교차표를 작성하였다. 각 기술 분야는 하나 이상의 학문 분야와 연계되어 있으며, 각 학문 분야는 하나 이상의 기술 분야와 연계되어 있었다. 이 상호 교차표를 통해 과학기술간 연계구조에서 학문 분야의 역할, 특정 학문 분야와 관련된 기술 분야를 식별하였다.

(1) 학문 분야의 과학 확산 패턴

학문 분야와 기술 분야간 관계에서 어떤 학문 분야가 어떤 기술 분야와 상호 작용을 하는지 밝혀낼 수 있다. 특허에 인용된 과학논문이 포함된 115개 SCI 학문 분야 중 과학논문이 가장 많이 인용된 상위 20개 학문 분야와 이들 학문 분야에 속한 과학논문을 인용하고 있는 기술 분야를 밝혀내었다.

학문 분야와 기술 분야간 연계를 통해 기술 분야내 과학논문의 확산 패턴을 식별하였다. 특허에서 과학논문의 역할을 식별케 하는 기술 분야내 학문 분야의 확산 패턴은 제한된 자원을 선택적으로 그리고 집중적으로 사용할 수 있는 논리적 근거를 제공한다.

기술 분야 내에서 학문 분야의 확산 패턴을 정량적 수치로 표현한 것이 '과학확산지수'(science diffusion indicator)이다. 이 과학확산지수는 피인용 과학논문이 속한 학문 분야와 인용을 통해 연계되어 있는 기술 분야의 수를 나타낸다(Verbeek et al. 2002a). 과학확산지수가 높다는 것은 한 학문 분야와 연계된 기술 분야의 수가 많으며, 다양한 기술과 관련성을 맺고 있으며 학문의 응용범위가 넓다고 말할 수 있다. 과학확산지수가 낮다는 것은 한 학문 분야와 연계된 기술 분야의 수가 적으며 기술개발과 관련된 학문 분야의 집중도가 높다고 말할 수 있다.

<그림 13>에서 과학확산지수가 가장 큰 학문 분야는 전기 및 전자공학이며, 그 다음은 응용물리학, 다학문 분야, 생화학 순이다. 이들 분야는 기술개발을 위한 기반으로 강력한 과학확산 패턴을 보이고 있으며 한국의 기술개발과 관련하여 기술 분야내에서 활용도가 높은 분야들이다. 한국의 기술개발이 기초과학적 기반보다는 응용과학적, 공학적 기반이 강함을 보여준다.

$$\text{과학확산지수} = \frac{\text{한 학문 분야와 인용연계된 IPC 기술 분야의 수}}{\text{전체 학문 분야와 인용연계된 전체 IPC 기술 분야의 수}}$$

그림 13. 학문 분야별 과학확산 패턴

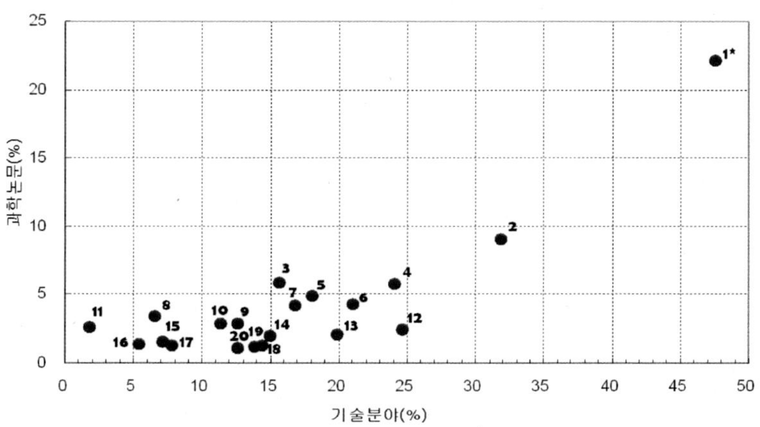

* 과학논문 인용빈도 순위를 나타냄
1. 전기 및 전자공학 2. 응용물리학 3. 다학문 분야 4. 생화학 및 분자생물학
5. 고분자 6. 화학(다학문) 7. 광학 8. 의화학 9. 바이오기술 및 산업미생물
학 10. 유기화학 11. 안과학 12. 재료과학(다학문) 13. 물리화학, 14. 전기화
학 15. 무기화학 및 핵 16. 약리학 및 약제학 17. 식물학 18. 재료과학 및 세
라믹 19. 컴퓨터과학, 하드웨어, 아키텍쳐, 20. 생화학 연구방법

전기 및 전자공학 분야는 한국인 특허 중 가장 많은 IPC 기술 분야와
관련을 맺고 있었다. 전기 및 전자공학 분야는 특허받은 기술 분야에서
가장 많이 인용되는 학문 분야로, 특허에 인용된 전체 SCIE 과학논문
9,205건 중에서 2,031건으로 약 22.06%를 차지하고 있으며 과학논문을
인용한 IPC 기술 분야 166개 중 79개 분야(약 47.59%)에서 인용되었다
(부록 9 참조). 그리고 <표 15>에서 보면 정보통신, 반도체, 광기술, 정
보기술과 관련된 특허에서 주로 인용되었다. 이들 기술 분야는 전기 및
전자공학 분야의 발전에 대한 의존도가 높은 과학기반 응용 분야이다.

한국의 특허기술과 관련하여 두 번째로 다양한 기술 분야와 관련을 맺고 있는 학문 분야는 응용물리학 분야이며 특허에 인용된 과학논문의 수는 전체 과학논문 중 대략 9%를 차지하지만 인용된 IPC 기술 분야는 전체 166개 중 53개 분야(약 31.93%)를 차지한다. 응용물리학 분야는 전기 및 전자공학 분야와 비교할 때 과학논문 인용비율에서 차이가 많이 나지만, 전기 및 전자공학 분야와 유사하게 주로 반도체와 광기술 분야에서 많이 응용되고 있다. 또한 응용물리학은 표면기술(surface technology)과 관련된 특허에서도 많이 인용되었다.

세 번째로 많이 응용되는 학문 분야는 다학문 분야(multidisciplinary sciences)였다. 다학문 분야와 가장 관련이 높은 기술 분야는 바이오기술이며, 그다음으로 다학문 분야와 높은 관련을 보이는 분야는 유기화학, 의약품, 광기술 분야의 특허였다. 이것은 기술발전시 다학문적 연구가 차지하는 역할의 중요성을 의미하며 이미 기술적 응용 분야를 가지고 있지 않으며, 특정 주제 분야를 대표할 만한 학술지로 제도화되지 않은 신생연구 영역이나 급성장하는 연구 영역의 출현을 나타낸다(Verbeek et al. 2002b). 다학문 분야는 다양성에 중점을 둔 연구 분야로 최신 분야, 새로 출현하는 분야가 수많은 기술적 응용 영역을 가지고 있다는 사실로 설명될 수 있다. 이 결과는 서로 다른 기술 분야와 학문 분야간 융합이 증가하고 있음을 반영하며, 기존의 학문구조에 맞지 않은 새로운 하이브리드형 분야를 선도하고 있음을 반영한다.

표 15. 학문 분야별 과학확산 패턴 (상위 20개 학문 분야)

학문 분야 \ 특허 기술 분야	전기공학	시청각기술	정보통신	정보기술	반도체	광기술	제어기술	의료기술	유기화학	고분자	의약품	바이오기술	재료	식품화학	기초재료화학	화학공학	표면기술	재료공정	화경기술	기계류	엔진	기계요소	핸들링	식품가공	원자핵공학	항공기술	소비재	빈칸	계(%)
전기전자공학	3.30	3.10	29.15	11.13	24.42	23.04	2.95	0.05	0.20	-	-	-	0.30	0.05	-	0.34	0.98	0.34	-	-	0.15	0.05	0.10	-	0.10	0.05	0.20	-	100
응용물리학	6.65	1.93	0.36	0.60	41.72	20.68	2.18	0.12	0.36	2.18	-	0.12	2.66	-	5.08	0.48	11.85	0.85	0.36	0.60	0.12	-	-	-	0.85	0.12	0.12	-	100
다학문 분야	4.13	0.19	-	-	6.94	8.44	1.69	0.38	16.70	2.44	15.57	28.89	0.75	2.25	4.50	0.94	4.13	0.38	0.38	-	-	-	-	0.75	0.19	-	0.38	-	100
생화학 및 분자생물학	0.38	-	-	0.38	-	0.19	0.38	0.19	20.75	0.75	18.49	46.23	-	6.23	3.21	0.19	-	-	0.19	-	-	-	-	2.45	-	-	-	-	100
고분자	4.72	0.22	0.22	-	0.45	26.52	1.35	0.22	8.54	44.94	0.90	0.22	-	-	1.12	3.82	3.15	3.60	-	-	-	-	-	-	-	-	-	-	100
화학(다학문 분야)	2.04	-	-	-	1.02	1.02	1.79	3.06	31.89	15.05	12.76	13.27	2.30	-	2.55	9.18	3.57	0.51	-	-	-	-	-	-	-	-	-	-	100
광학	0.26	1.04	2.60	2.34	0.78	82.86	5.97	0.52	-	0.52	-	-	-	-	0.52	-	0.26	1.04	-	0.78	-	-	-	-	-	-	0.52	-	100
의화학	-	-	-	-	-	0.65	-	1.63	45.28	-	49.19	0.33	-	-	2.61	-	-	0.33	-	-	-	-	-	-	-	-	-	-	100
바이오기술 및 산업미생물학	0.76	-	-	-	0.38	1.14	-	0.38	10.65	-	15.59	64.26	0.38	0.76	3.42	0.38	-	-	1.52	-	-	-	-	0.38	-	-	-	-	100
유기화학	0.78	0.39	-	-	-	2.72	1.17	-	64.20	2.72	10.51	9.73	-	-	5.45	1.95	0.39	-	-	-	-	-	-	-	-	-	-	-	100
안과학	-	-	-	98.73	-	-	-	-	-	0.84	0.42	-	-	-	-	-	-	-	-	-	-	-	-	-	-	-	-	-	100
재료과학(다학문 분야)	13.06	1.80	0.90	-	20.27	1.80	1.80	-	3.60	14.41	0.45	-	15.77	-	0.90	1.80	18.47	0.45	-	2.25	-	-	-	-	1.35	-	0.45	0.45	100
물리화학	10.27	-	-	-	9.73	7.03	4.86	-	17.84	8.65	-	-	11.89	-	2.16	18.92	7.57	1.08	-	-	-	-	-	-	-	-	-	-	100
전기화학	22.78	-	-	42.78	0.56	5.00	-	-	1.67	3.33	-	-	5.00	-	0.56	1.67	15.56	-	-	-	-	-	0.56	-	0.56	-	-	-	100
유기화학 및 핵	2.14	-	-	-	0.71	1.43	-	-	41.43	24.29	1.43	-	1.43	-	0.00	25.00	2.14	-	-	-	-	-	-	-	-	-	-	-	100
약리학 및 약제학	-	-	-	-	-	0.00	-	6.61	23.14	0.00	62.81	1.65	-	-	3.31	0.83	-	1.65	-	-	-	-	-	-	-	-	-	-	100
식물학	-	-	-	-	-	0.86	-	-	16.38	3.45	19.83	42.24	-	10.34	4.31	2.59	-	-	-	-	-	-	-	-	-	-	-	-	100
재료과학, 세라믹	3.48	-	5.22	0.00	11.30	1.74	-	-	10.43	0.87	-	-	50.43	-	-	3.48	6.96	6.09	-	-	-	-	-	-	-	-	-	-	100
컴퓨터과학	3.88	-	31.07	42.72	8.74	2.91	7.77	-	0.97	0.97	-	-	-	-	-	-	-	0.97	-	-	-	-	-	-	-	-	-	-	100
생화학연구방법	-	-	1.01	-	-	-	5.05	3.03	14.14	1.01	20.20	39.39	-	1.01	2.02	9.09	-	1.01	-	-	-	-	-	3.03	-	-	-	-	100

(2) 특허 기술 분야의 과학흡수 패턴

학문 분야와 기술 분야간 연계를 통해 기술 분야 내 과학논문의 흡수 패턴을 식별하였다. 특정 기술 분야에 인용된 과학논문들이 분류된 학문 분야의 수를 '과학흡수지수'(science absorption indicator)라 한다 (Verbeek et al. 2002a). 과학흡수지수는 한 기술 분야가 지니고 있는 과학적 지식기반이 광범위한지 혹은 협소한지를 나타낸다.

$$\text{과학흡수지수} = \frac{\text{한 IPC 기술 분야와 인용연계된 학문 분야의 수}}{\text{특허에 인용된 과학논문이 분류된 전체 학문 분야의 수}}$$

한국인 특허에 인용된 SCIE 과학논문은 전체 115개 학문 분야 중 하나에 포함된다. <그림 14>는 SCIE 과학논문을 가장 많이 인용하는 IPC 기술 분야 30개의 과학흡수 패턴이다.

그림 14. 특허 기술 분야별 과학흡수 패턴

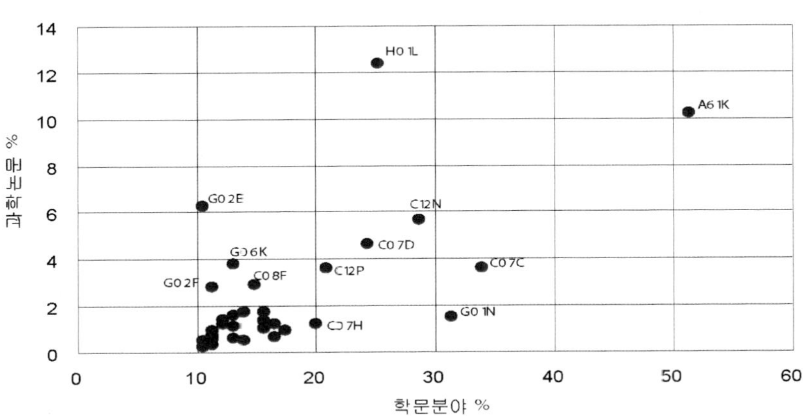

SCIE 과학논문을 가장 많이 인용하고 있는 상위 8개 IPC 기술 분야가 한국특허에 인용된 전체 SCIE 과학논문 중 50%를 차지하고 있었다. 특허기술을 개발하는 데 다양한 학문 분야와 가장 높은 연계를 보이는 기술 분야는 의약품 분야(A61K)이다. <그림 14>에서 보듯이 의약품 분야는 가장 다양한 학문 분야와 지식연계를 맺고 있으며, 그 다음으로 유기화학(C07C), 제어기술(G01N), 반도체(H01L) 기술 분야가 여러 다양한 학문 분야와 지식연계를 맺고 있다.

SCIE 과학논문에 대한 인용빈도가 높은 상위 30개 기술 분야 중 다수가 115개 학문 분야 중 10~20%에 해당하는 학문 분야와 상호 작용이 이루어졌으며, 이들 기술 분야가 인용한 SCIE 과학논문은 전체 중 2% 이내에서 이루어졌다(부록 10 참조).

각 기술 분야와 관련도가 높은 학문 분야를 찾음으로써 기술 분야의 과학기반을 파악할 수 있다. 기술 분야의 발전에 있어 가장 중요한 학문 분야는 <표 16>과 같다. 과학적 지식을 가장 많이 인용하고 있는 기술 분야는 광기술, 반도체, 유기화학, 바이오기술, 약품 분야이다. 광기술의 발전과 관련을 맺고 있는 핵심 학문 분야는 전기 및 전자공학(38.87%), 광학(26.50%), 응용물리학(14.20%)이다. 반도체 기술 분야는 광기술 분야와 마찬가지로 전기 및 전자공학(43.62%), 응용물리학(30.34%) 분야에 속한 과학적 지식에 대한 의존도가 강하다. 그다음 유기화학 기술 분야는 유기화학(15.10%), 의화학(12.72%), 다학제성을 띠고 있는 화학(11.44%), 생화학 및 분자생물학(10.06%) 등의 학문 분야와 상호 작용을 보이고 있다. 유기화학 기술 분야는 광기술이나 반도체 기술 분야에 비해 특정 학문 분야에 대한 집중적인 연계구조를 보이지는 않는다.

표 16. 특허 기술 분야별 과학흡수 패턴 (상위 20개 학문 분야)

학문 분야 \ 기술 분야	전기공학	시청각기술	정보통신	정보기술	반도체	광기술	제어기술	의료기술	유기화학
전기 및 전자공학	21.68	62.38	83.38	33.43	43.62	38.87	21.35	1.1	0.37
응용물리학	17.8	15.84	0.42	0.74	30.34	14.2	6.41	1.1	0.27
다학문 분야	7.12	0.99		-	3.25	3.74	3.2	2.2	8.14
생화학 및 분자생물학	0.65	-	-	0.3	-	0.08	0.71	1.1	10.06
고분자	6.8	0.99	0.14	-	0.18	9.8	2.14	1.1	3.48
화학(다학문 분야)	2.59	-	-	-	0.35	0.33	2.49	13.19	11.44
광학	0.32	3.96	1.41	1.33	0.26	26.5	8.19	2.2	-
의화학	-	-	-	-	-	0.17	-	5.49	12.72
바이오기술 및 산업미생물학	0.65	-	-	-	0.09	0.25	-	1.1	2.56
유기화학	0.65	0.99	-	-	-	0.58	1.07	-	15.1
안과학	-	-	-	34.62	-	-	-	-	-
재료과학(다학문 분야)	9.39	3.96	0.28	-	3.96	0.33	1.42	-	0.73
물리화학	6.15	-	-	-	1.58	1.08	3.2	-	3.02
전기화학	13.27	-	-	-	6.77	0.08	3.2	-	0.27
무기화학 및 핵	0.97	-	-	-	0.09	0.17	-	-	5.31
약리학 및 약제학	-	-	-	-	-	-	-	8.79	2.56
식물학	-	-	-	-	-	0.08	-	-	1.74
재료과학, 세라믹	1.29	-	0.85	-	1.14	0.17	-	-	1.1
컴퓨터학	1.29	-	4.51	6.51	0.79	0.25	2.85	-	0.09
생화학연구방법	-	-	-	0.15	-	-	1.78	3.3	1.28

학문 분야	고분자	의약품	바이오기술	재료	식품화학	기초재료화학	화학공학	표면기술	재료공정
전기 및 전자공학	-	-	-	3.03	0.81	-	3.23	5.41	10.45
응용물리학	4.29	-	0.1	11.11	-	24	1.84	26.49	10.45
다학문 분야	3.1	8.83	16.13	2.02	9.76	13.71	2.3	5.95	2.99
생화학 및 분자생물학	0.95	10.43	25.65	-	26.83	9.71	0.46	-	-
고분자	47.62	0.43	0.1	-	-	2.86	7.83	3.78	23.88
화학(다학문 분야)	14.05	5.32	5.45	4.55	-	5.71	16.59	3.78	2.99
광학	0.48	-	-	-	-	1.14	-	0.27	5.97
의화학	-	16.06	0.1	-	-	4.57	-	-	1.49
바이오기술 및 산업미생물학	-	4.36	17.7	0.51	1.63	5.14	0.46	-	-
유기화학	1.67	2.87	2.62	-	-	8	2.3	0.27	-
안과학	-	0.21	0.1	-	-	-	-	-	-
재료과학(다학문 분야)	7.62	0.11	-	17.68	-	1.14	1.84	11.08	1.49
물리화학	3.81	-	-	11.11	-	2.29	16.13	3.78	2.99
전기화학	1.43	-	-	4.55	-	0.57	1.38	7.57	-
무기화학 및 핵	8.1	0.21	-	1.01	-	-	16.13	0.81	-
약리학 및 약제학	-	8.09	0.21	-	-	2.29	0.46	-	2.99
식물학	0.95	2.45	5.13	-	9.76	2.86	1.38	-	-
재료과학, 세라믹	0.24	-	-	29.29	-	-	1.84	2.16	10.45
컴퓨터학	0.24	-	-	-	-	-	-	-	1.49
생화학연구방법	0.24	2.13	4.08	-	0.81	1.14	4.15	-	1.49

학문 분야	환경기술	기계류	엔진	기계요소류	핸들링	식품가공	원자핵공학	항공기술	소비재
전기 및 전자공학	-	-	50	33.33	33.33	-	9.09	16.67	33.33
응용물리학	13.04	29.41	16.67	-	-	-	31.82	16.67	8.33
다학문 분야	8.7	-	-	-	-	13.33	4.55	-	16.67
생화학 및 분자생물학	4.35	-	-	-	-	43.33	-	-	-
고분자	-	-	-	-	-	-	-	-	-
화학(다학문 분야)	-	-	-	-	-	-	-	-	-
광학	-	17.65	-	-	-	-	-	-	16.67
의화학	-	-	-	-	-	-	-	-	-
바이오기술 및 산업미생물학	17.39	-	-	-	-	3.33	-	-	-
유기화학	-	-	-	-	-	-	-	-	-
안과학	-	-	-	-	-	-	-	-	-
재료과학(다학문 분야)	-	29.41	-	-	-	-	13.64	-	8.33
물리화학	-	-	-	-	-	-	-	-	-
전기화학	-	-	-	-	16.67	-	4.55	-	-
무기화학 및 핵	-	-	-	-	-	-	-	-	-
약리학 및 약제학	-	-	-	-	-	-	-	-	-
식물학	-	-	-	-	-	-	-	-	-
재료과학, 세라믹	-	-	-	-	-	-	-	-	-
컴퓨터학	-	-	-	-	-	-	-	-	-
생화학연구방법	-	-	-	-	-	10	-	-	-

　유사한 과학적 기반을 가지고 있는 서로 다른 기술 분야를 유사한 과학기반기술군으로 묶을 수 있다. IPC 기술 분야와 학문 분야간 상호 교차표를 이용하여 과학논문에 대한 인용빈도가 10회 이상인 기술 분야와 학문 분야를 선정하였다. 기술 분야의 학문 분야에 대한 동시인용빈도 행렬을 작성한 다음 기술 분야간 유사성을 측정하기 위해 동시인용행렬을 피어슨 상관계수로 정규화한 다음 다차원축척, 군집분석을 수행하였다(김현희, 김용호 1993).

　다차원 척도분석을 이용하여 기술 분야간 과학적 기반의 유사도에 따라 각각의 기술 분야를 공간상에 점으로 나타냄으로써 기술 분야 내 숨겨진 구조를 밝혀내고자 하였다. 기술 분야간 과학적 지식기반에 대한 유사도가 높을수록 두 기술 분야는 공간상에 가까이 배열되며, 두 기술 분야간 유사도가 낮을수록 공간상에 멀리 떨어져 배열된다. 군집분석을 이용하여 공통된 학문 분야를 인용하는 기술 분야를 군집으로 형성하였다.

　다차원 척도분석과 군집분석 후 <그림 15>와 같이 유사한 학문기반을 가진 기술 분야군끼리 군집화하였다. 특허에서 과학논문에 대한 인용빈도가 높은 분야는 전기전자 기술군과 바이오 기술군으로 크게 구분되며 이 두 기술군은 서로 마주보는 대칭적인 자리매김을 하고 있다. <그림 15>의 좌측은 응용연구의 성격을 띠고 있으며 우측은 기초연구의 성격이 강하다. 그리고 윗부분은 여러 학문 분야간 융합이 강한 기술군이 자리잡고 있었다.

그림 15. 유사한 학문기반을 가진 기술 분야군

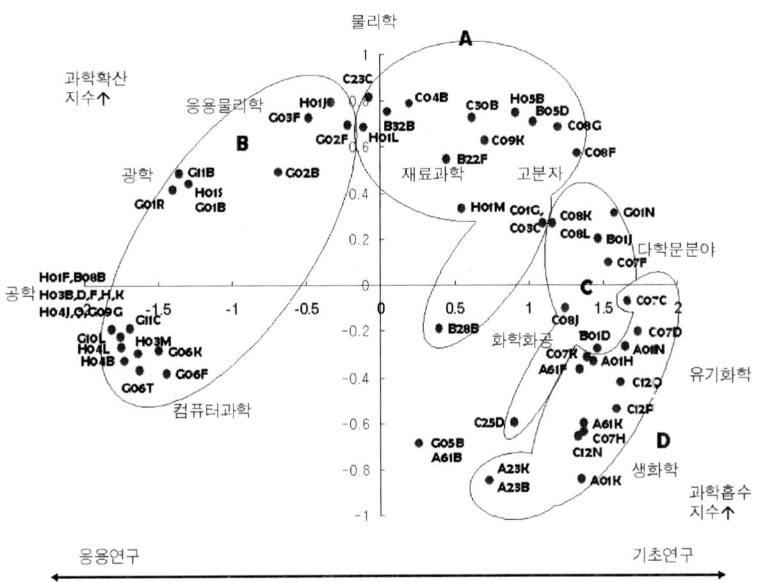

군집 A는 고분자 학문 분야에 기반을 둔 기술 분야군이며 군집 B는
물리학에 기반을 둔 기술 분야군이다. 군집 A와 군집 B에 인접한 기술
분야로 반도체(H01L)는 물리학, 공학 분야와 강력한 상호 작용을 보이
며, 광기술(G03F, G02F)은 응용물리, 광학, 공학, 고분자 분야에 기반
을 둔 기술 분야이다. 군집 B 중 좌측 상단부는 광학에 기반을 둔 기술
분야로 광기술 관련 특허가 포함된다. 군집 B 중 좌측 하단부는 공학과
컴퓨터 과학에 기반을 둔 기술군으로 전기전자기술에 속하는 특허기술
들이 자리잡고 있으며, 전기공학, 정보통신, 정보기술이 여기에 해당된
다. 정보기술 분야는 컴퓨터과학 분야와 집중적인 상호 작용을 보이며,
정보통신과 전기공학 관련기술은 전기 및 전자공학 분야와 집중적인
상호 작용을 보였다. 군집 C는 화학공학과 다학문기반 기술군으로 공정

기술 분야에 속한다. 군집 D는 화학기반 기술 분야군으로 군집 D의 우측은 유기화학 기반 기술군이다. 군집 D의 하단부는 생화학 기반 기술들로 의약품(A61K) 및 바이오 기술 분야가 자리잡고 있었다.

기초연구 분야와 관련도가 높은 화학 및 바이오기술군은 과학흡수지수가 높으며, 응용연구 분야와 관련도가 높은 전기전자기술군과 광기술은 과학확산지수가 높은 기술군이다.

3.2.2.3 과학논문과 특허간 상호 작용 매체

특허에서 가장 많이 인용되고 있는 핵심학술지를 파악하기 위하여 학술지의 분포를 분석하였다. 특허에 인용된 학술지를 이용하여 학문 분야와 기술 분야간 지식흐름을 전달하고 기술개발에 필요하거나 관련된 과학적 지식을 수록하고 있는 학술지를 파악할 수 있다.

한국인 특허에 인용된 과학논문을 분석한 결과 다음과 같은 특징이 발견되었다.

첫째, 특허에 인용된 학술지 또는 학술회의자료를 살펴보면 한국인의 기술개발과 관련된 과학논문은 소수의 학술지 또는 학술회의자료에 집중적으로 수록되어 있었다. 1990년부터 2004년까지 미국특허청에 등록된 한국인 특허에 인용된 학술지는 총 2,130종으로 나타났다. 이중 단 1회만 인용된 학술지는 1,055종으로 전체 학술지 중 약 50%를 차지하였다. 한국인 특허에서 10회 이상 인용된 학술지는 280종으로 전체 인용된 과학논문 14,969건 중 약 73%인 10,995건이 포함되었으며, 100회 이상 인용된 학술지는 전체 학술지 중 약 1%에 해당하는 27종으로 전체 과학논문 중 약 39%인 5,837건을 포함하였다. 그리고 특허에 인용된 전체 학술지 중 약 18%에 해당하는 391종이 전체 과학논문 14,969건 중 약 80%인 11,971건을 포함하고 있음이 밝혀졌다.

그림 16. 학술지, 학술회의자료의 IPC 기술 분야 내 확산 패턴 (인용빈도 〉100회)

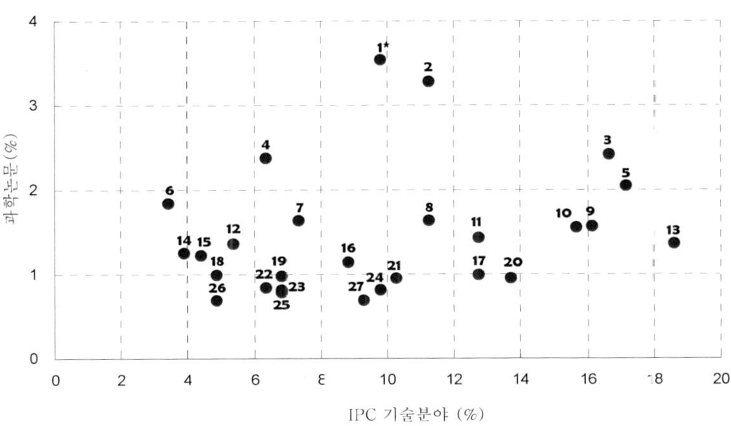

* 인용빈도 순위를 나타냄

1	SID Symposium Digest of Technical Papers	14	Journal of Medicinal Chemistry
2	IEEE International Electron Devices Meeting. Technical Digest	15	Journal of Photopolymer Science and Technology
3	Applied Physics Letters	16	Journal of the American Chemical Society
4	Proceedings of International Display Research Conference.	17	Science
5	Japanese Journal of Applied Physics	18	IEEE Symposium on VLSI Circuits. Digest of Technical Papers
6	Optics Letters	19	Proceedings of the National Academy of Sciences of the U.S.A
7	IEEE Transactions on Electron Devices	20	Journal of Applied Physics
8	Electronics Letters	21	Journal of the Electrochemical Society
9	Proceedings of the SPIE	22	IEEE Electron Device Letters
10	Nature	23	Journal of Lightwave Technology
11	IEEE Journal of Solid-State Circuits	24	IEEE Transactions on Consumer Electronics
12	IEEE Photonics Technology Letters	25	IEEE Transactions on Communications
13	IBM Technical Disclosure Bulletin	26	Optical Fiber Communication Conference-Technical Digest
		27	Macromolecules

<그림 16>은 과학논문을 인용하고 있는 전체 204개 IPC 기술 분야와 전체 과학논문 14,969건 중에서 학술지와 학술회의자료가 각기 차지하는 비율에 따라 이들의 확산 패턴을 나타낸 것이다. <그림 16>은 한국인 특허에서 과학논문의 인용빈도가 100회 이상 발생한 학술지와 학술회의자료만 분석한 것이다. 가로축은 각 학술지 또는 학술회의자료가 인용된 기술 분야의 수를 전체 기술 분야 중 차지하는 비율로 나타낸 것이며, 세로축은 각 학술지 또는 학술회의자료에 수록된 과학논문이 전체 과학논문 중 차지하는 비율로 나타낸 것이다.

지난 15년 동안 한국인 특허에서 가장 많이 인용된 세 개 학술지 또는 학술회의자료는 'SID Symposium Digest of Technical Papers', 'IEEE International Electron Devices Meeting-Technical Digest', 'Applied Physics Letters'로 나타났다.

<그림 16>에 의하면 'IBM Technical Disclosure Bulletin'은 가장 많은 38개 IPC 기술 분야에서 인용되었으며, 전체 과학논문 중 약 1.35%에 해당하는 202회 인용되었다. 이것은 발명의 내용이 특허출원할 만큼 중요하지는 않지만 경쟁사가 동일주제에 대해 특허출원하는 것을 차단하고자 할 경우 기업들이 Technical Bulletin에 발명내용을 공개하기 때문에, 그리고 'IBM Technical Disclosure Bulletin'의 경우 PCT 최소문헌[4]에 포함되어 있어서 특허와 유사한 법적 권리를 가지고 있기 때문에 수록된 내용의 중요도뿐만 아니라 법적 효력 때문에 많이 인용되었다. 'SID Symposium Digest'는 한국인 특허에서 가장 많은 530회 인용되었지만 전체 기술 분야 중 단지 20개(약 10%) 기

---

4) PCT 최소문헌(Patent Cooperation Treaty Minimum documentation): 국제조사기관·예비심사기관이 필수적으로 검색해야 하는 기술문헌으로서, 美·英·佛·獨·日 등 주요 기술선진국의 특허문헌, 기술 분야별로 가장 권위 있는 230여 개 학술지 및 학술회의자료 등으로 구성된다.

술 분야에 인용되었고 특정 기술 분야에서 집중적으로 인용되고 있었다(부록 12 참조).

둘째, 한국인이 기초학문 분야보다는 응용과학 분야, 그리고 다학문적 성격을 지닌 학술지를 닳이 인용함을 나타내고 있다. 한국인의 특허와 밀접한 관계를 맺고 있는 학문 분야는 기초과학보다는 응용과학 분야에 집중되어 있다. 여러 IPC 기술 분야에서 활용되면서 과학논문 인용빈도가 높은 학술지는 응용물리학 분야에 속하는 것들이었다. 한국인 특허에 인용된 학술지들은 미국, 영국을 비롯한 유럽 국가들이 의약품이나 바이오기술과 관련된 기초과학 분야의 학술지를 많이 인용하는 것과는 다른 현상을 보여주었다. 100회 이상 인용된 학술지 중에서 인용빈도가 그리 높지는 않지만 다양한 학문 분야의 과학적 지식을 수록하고 있는 'Nature', 'Science'는 활용되는 기술 분야가 다른 학술지에 비해 상대적으로 많게 나타났다.

Michel과 Bettels는 미국특허, 유럽특허, 일본특허에서 가장 많이 인용된 학술지 10종을 조사한 바 있다(Michel, and Bettels 2001). 이 중 'Chemical Abstracts'를 제외하고 미국특허, 유럽특허, 그리고 일본특허에 모두 공통적으로 포함된 학술지는 5종이었다. <표 17>은 Michel과 Bettels이 작성한 상위 10종을 한국인 미국특허에서 가장 많이 인용되는 학술지와 비교한 것이다.

미국특허, 유럽특허, 일본특허에서 많이 인용되는 학술지 중 한국인 특허에서 인용빈도가 10위 이내에 속한 학술지는 'Applied of Physics Letters'와 'Nature'뿐이었다. 유럽, 일본, 미국특허에서 인용빈도가 높은 학술지가 화학 분야에 포함되는 데 반해, 한국인의 기술개발과 관련도가 높으며 인용빈도가 높은 학술지는 응용물리학 분야에 포함되기 때문이다.

표 17. 3극 특허와 한국인 특허에서 인용빈도가 높은 학술지

번호	학술지	유럽특허	일본특허	미국특허	한국인특허*
1	Chemical Abstracts	1	1	7	–
2	Proceedings of the National Academy of Sciences (USA)	2	2	2	19
3	Journal of Biological Chemistry	3	4	4	–
4	Journal of Medicinal Chemistry	4	8	–	14
5	Nature	5	5	1	10
6	Science	6	6	3	17
7	Journal of the American Chemical Society	7	20	9	16
8	Applied of Physics Letters	8	3	–	3
9	Journal of Organic Chemistry	9	7	–	–
10	Nucleic Acids Research	10	–	5	–

출처: Michel, and Bettels 2001.
* 비교를 위해 한국인 특허에서 산출된 학술지 순위를 추가함.

셋째, 한국 기술개발에 있어 근간이 되는 과학적 지식은 반도체 (H01L), 광기술(G02F, G02B) 분야의 기술과 관련을 맺고 있다. 이들 기술 분야는 다른 기술 분야보다 발전속도가 빠르며, 정보유통 속도가 학술지보다 더 빠른 매체인 학술회의 자료를 집중적으로 인용하고 있었다.

특허에서 인용된 과학논문의 출현빈도를 IPC 기술 분야별로 살펴보면 반도체(H01L), 의약품(A61K), 광기술(G02F, G02B), 바이오기술 (C12N) 순으로 높게 나타났다. 이들 기술 분야에 인용된 과학논문의 수록매체를 살펴보면 그 분포는 <그림 18>과 같다.

그림 17. IPC 기술 분야별 과학논문 인용빈도

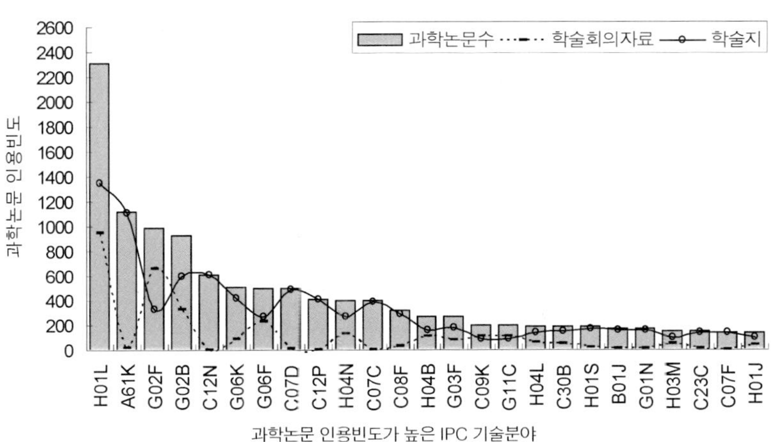

반도체(H01L) 분야의 특허는 학술지뿐만 아니라 학술회의자료에 수록된 과학논문을 많이 인용하는 것으로 나타났다. 과학적 지식흐름에 있어 학술지뿐만 아니라 학술회의자료에 대한 의존도가 높은 기술 분야는 반도체뿐만 아니라 광기술(G02B, G02F), 정보기술(G06F, G11C), 정보통신(H04B, H04N)이었다. 반도체, 광기술과 같이 기술발전 속도가 빠른 분야에서는 학술지보다는 지식흐름의 속도가 빠른 학술회의자료에 수록된 과학논문을 많이 인용할 수밖에 없다. 그러나 선행연구에 의하면 특허의 기술 분야와 관련된 과학논문은 주로 SCI 학술지에 수록된 과학논문에 한정되어 있어서, 광기술 및 정보기술 분야의 기술개발에 학술지보다 학술회의자료를 주로 인용하는 우리나라는 과학논문에 대한 인용빈도가 매우 낮은 것으로 나타났다.

한편 의약품 및 바이오기술 분야는 주로 학술지에 수록된 과학논문에 대한 인용빈도가 높으며, 학술회의자료에 대한 인용빈도는 아주 저조한 편이다. 이것은 의약품 및 바이오기술과 관련된 과학적 지식의 흐름이 학술회의자료보다는 주로 학술지를 통해 이루어지기 때문이다.

박한우 등(2004)은 한국특허에서 인용된 과학논문의 수가 저조한 이유를 첨단산업 분야에 대한 한국인의 발표논문 수가 저조하며, 혁신 기술의 지식유입도가 높지 않기 때문이라고 한국인의 SCI 발표논문과 연계하여 해석하였다. 그러나 기존 연구들이 과학연계지수를 산출할 때 이용하는 SCI DB에는 전기전자공학 분야보다는 생명과학과 관련된 학술지가 더 많다는 점을 주목해야 한다.

반도체 분야는 학술지와 학술회의자료에 대한 인용빈도가 모두 높지만, 의약품 및 바이오기술 분야는 주로 학술지에 수록된 과학논문을 많이 인용한다. 따라서 학술지에 수록된 과학논문만을 이용하여 과학집약 기술이나 과학기반 기술을 측정한 결과를 해석할 때는 주의를 기울여야 한다.

3.2.2.4 과학논문과 특허간 인용시차

특허에 인용된 과학논문의 발행년과 특허의 등록년간 평균인용시차는 특허의 기술 영역이나 잠재적 첨단기술 분야의 발전속도를 나타내는 지수이다. 이 지수는 특허에서 과학수명주기(science cycle time)라고 불리는데, 인용특허와 피인용특허간 인용시차를 의미하는 기술수명주기(technology cycle time)에 대응하는 개념으로 사용된다(Verbeek et al. 2002b).

과학논문을 많이 인용하고 있는 기술 분야는 논문과 특허간 인용시차가 짧아지고 있으며, 이는 과학과 기술간 인접도가 강화되고 있음을 보여준다. 일반적으로 과학수명주기가 짧은 기술 분야는 바이오기술, 유기화학, 반도체, 제어기술 분야이다. 한편 심사단계에서 기술과 관련된 과학적 배경정보가 포함되면서 인용시차가 길어지는 경우도 있다.

과학논문이 특허에 인용되기까지 소요되는 시간을 정밀하게 추적하기 위해 과학논문이 학술지에 수록되기 위해 최초로 제출된 시점을 기준으로 측정하여야 한다. 그러나 과학논문 제출일자에 대한 정보를 모두 입수하기 위해 특허에 인용된 과학논문을 모두 입수하는 것이 물리적으로 불가능하므로, 기존 선행연구(Narin, Hamilton, and Olivastro 1997; Malo, and Geuna 2000)에서 사용되었던 것처럼 특허의 출원년과 과학논문의 발행년을 이용하여 인용시차를 구하였다.

표 18. 과학논문과 특허 출원년간 인용시차

기 간	평균 인용시차	과학논문 수	표준 편차	평균의 표준오차	최소값	최대값
1990~1994	9.14	513	9.80	0.43	0	67
1995~1999	7.43	3989	7.27	0.11	0	72
2000~2004	6.45	10459	6.65	0.07	0	78
합 계	6.80	14961	6.98	0.06	0	78

<표 18>과 <그림 18>에서 보듯이 한국인이 출원한 미국특허에 인용된 과학논문 중 발행된 후 최근 5년 이내 인용된 과학논문이 전체 중 50% 이상을 차지하고 있으며, 과학논문과 특허간 평균 인용시차는 1990년대 상반기, 1990년대 하반기, 2000년대 상반기 등록된 특허에서 1년씩 단축되었다. 1990년~1994년 사이에 등록된 한국인 특허에 인용된 과학논문의 평균 인용시차는 약 9년이었지만, 2000년~2004년 사이에 등록된 특허에 인용된 과학논문의 평균 인용시차는 약 6.5년이었다. 1990년대 상반기에 비해 과학지식의 활용속도가 약 2.5년 빨라졌음을 보여준다.

그림 18. 과학논문과 특허간 인용시차 분포(출원년 기준)

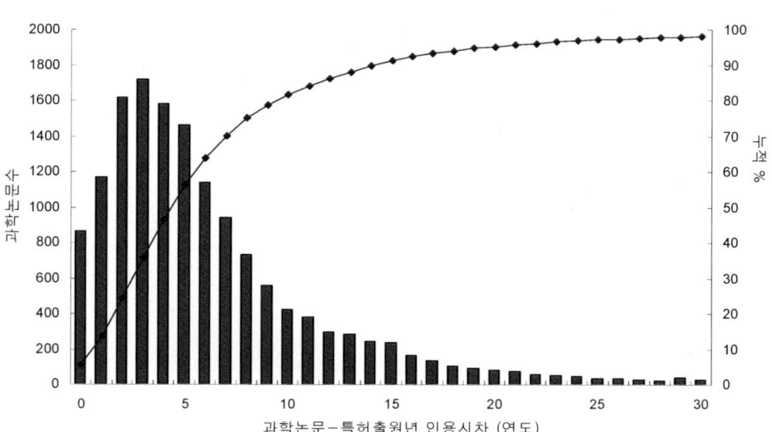

<그림 18>에서 특허에 인용된 과학논문의 최신성을 살펴보면, 과학논문과 특허간 인용시차가 10년 이내인 과학논문이 전체 인용된 과학논문의 80%를 차지하였다. 과학논문은 발표된 후 수명이 20년 이상 지나면 특허에서는 거의 인용되지 않고 있다.

과학논문과 특허간 인용시차가 기술 분야간 차이가 있는지 파악하기 위해 일원변량 분산분석을 실시하였다. 분산분석결과 특허의 기술분야마다 과학논문에 대한 인용시차의 p값(.000)이 유의수준 α =0.05보다 낮게 나타나 각 기술 분야의 평균 인용시차가 통계적으로 유의미한 차이가 있는 것으로 나타났다<표 19>.

표 19. 특허 기술 분야간 평균 인용시차에 대한 분산분석

		제 곱 합	자유도	평균제곱	F값	유의확률
특허 기술 분야간 인용시차	집단—간	35030.21	29	1207.94	26.00	.00*
	집단—내	693367.06	14927	46.45		
	합　계	728397.27	14956			

* $p < 0.05$

<그림 19>는 특허 기술 분야별 과학논문에 대한 평균 인용시차와 중앙값이다. 과학논문에 대한 인용시차가 기술 분야마다 상이하게 나타났다. 첨단기술 분야는 기술발전 속도가 매우 빠르고 과학논문의 지원을 필요로 하는 분야로, 최신 과학논문에 대한 접근성을 최대한 활용하고자 한다(Ascota, and Ccronado 2003).

그림 19. 특허 기술 분야별 평균 인용시차 및 중앙값

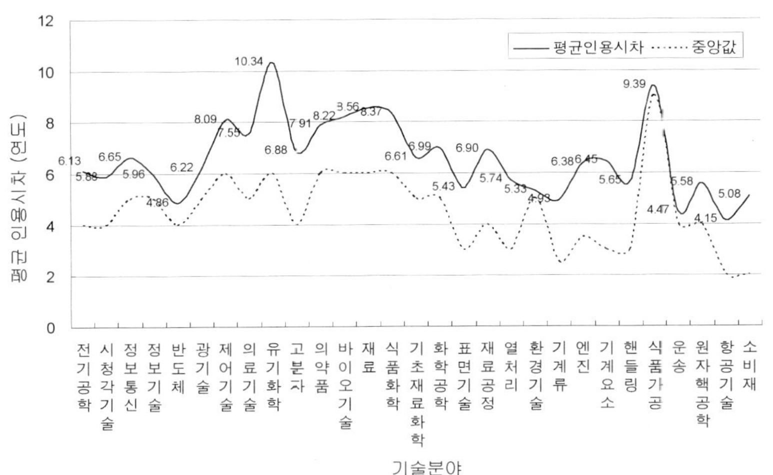

한국인 특허에서 과학연계지수가 높은 반도체 분야의 경우 4.8년, 광기술은 6.2년, 의약품은 7.9년, 바이오기술은 8.2년이라는 과학논문과 인용시차를 보였다. 응용연구에 기반을 둔 반도체나 광기술보다 기초연구에 기반을 둔 의약품, 바이오기술 분야에서 과학논문과 특허간 인용시차가 길게 나타났다. 그 이유는 기초연구로부터 도출된 중요한 지식은 그 연구에 관여하지 않았던 과학자나 발명자에 의해 인용되며, 기초연구로부터 얻은 발견을 토대로 한 혁신은 종종 수십 년 뒤에 나타나기 때문으로 여겨진다(조황희, 박수동 2000). 이와는 대조적으로 응용 및 개발연구와 특허라는 기술혁신간에는 불과 수개월 또는 몇 년이 소요되기도 한다.

표 20. 학술지와 학술회의자료의 평균 인용시차

	사례 수	평균	표준편차	T	유의확률
학술지	11,117	7.51	7.67	29.25	.00
학술회의자료	3,844	4.76	3.68		

특허와 과학논문 간 평균 인용시차가 수록매체에 따라 다른지 알아보기 위해 T검증을 실시하였다. 특허에 인용된 과학논문의 평균 인용시차의 p값(.000)이 유의수준 α =0.05보다 적은 것으로 나타나 과학논문의 수록매체에 따라 통계적으로 유의한 차이가 있는 것으로 나타났다. <표 20>에서 보듯이 학술지에 수록된 과학논문과 특허간 평균 인용시차는 7.51년, 학술회의자료와 특허간 평균 인용시차는 4.76년으로 나타났다. 학술지에 수록된 과학논문보다 학술회의자료에 수록된 과학논문이 약 2.75년 정도 빠른 것으로 나타났다.

3.2.3 분석결과 요약

특허에 인용된 과학논문은 특허가 기초하고 있는 과학적 기반을 파악할 수 있게 하며, 특허가 다른 특허에 의해 인용된다는 것은 특허가 그만큼 가치를 지니고 있다는 것을 의미한다. 한국인 특허가 등록된 이후 다른 특허에 의해 인용되는데 과학논문이 어떤 영향을 끼치는지 분산분석을 실시하여 다음과 같은 결과를 얻었다.

첫째, 한국인 특허에 인용된 과학논문의 수는 한국인 특허가 다른 미국특허에 의해 인용되는 피인용횟수와 서로 관련이 없는 것으로 나타났다. 과학논문을 많이 인용한 한국인 특허가 그렇지 않은 특허보다 다른 특허에 의해 더 많이 인용되지는 않는 것으로 나타났다. 과학논문을 인용한 한국특허는 등록된 이후 3년 이내에 평균 3.49회, 5년 이내에 평균 4.97회, 그리고 등록된 이후부터 2005년까지 평균 6.20회 정도 다른 미국특허에 의해 인용되는 것으로 나타났다. 그리고 과학논문을 인용한 특허는 등록 이후 3년 이내에 87% 정도가 다른 특허에 의해 최소한 한 건이라도 인용되는 것으로 나타났다.

둘째, 한국인 특허에 인용된 과학논문의 품질은 한국인 특허가 다른 미국특허에 의해 인용되는 피인용횟수와 서로 관련이 있는 것으로 나타났다. SCI 과학논문을 인용한 한국인 특허는 등록된 이후 3년 이내에 평균 3.26회, 5년 이내에 평균 4.55회, 등록된 이후부터 2005년까지 5.56회 정도 다른 미국특허에 의해 인용되는 것으로 나타났다. 분산분석결과 SCI 과학논문을 인용한 한국인 특허는 등록된 이후부터 2005년까지 인용시차에 관계없이 다른 미국특허에 의해 인용되는 피인용횟수에 있어 SCI 과학논문을 많이 인용한 특허와 SCI 과학논문을 적게 인용한 특허간 유의수준 0.05에서 유의미한 차이가 있는 것으로 나타났다.

그러나 설정한 가설과는 달리 SCI 과학논문을 많이 인용하고 있는 특허는 그렇지 않은 특허보다 다른 특허에 의해 더 적게 인용되는 것으로 나타났다. SCI 과학논문을 4건 이상 인용한 특허는 다른 미국특허에 의해 평균 4.70회 정도 인용되며, SCI 과학논문을 한 건 인용한 특허는 다른 미국특허에 의해 평균 6.03회 정도 인용되는 것으로 나타났다. 또한 SCI 과학논문을 1~3건 인용한 특허는 다른 미국특허에 의해 평균 5.75회 정도 인용되는 것으로 나타났다.

셋째, 한국인 특허에 인용된 과학논문의 최신성은 다른 특허에 의해 한국인 특허가 인용되는 횟수와 서로 관련이 있는 것으로 나타났다. 한국인 특허와 이 특허에 인용된 과학논문간 인용시차가 짧을수록 한국인 특허는 다른 특허에 의해 더 많이 인용되는 것으로 나타났다.

과학논문을 인용한 한국인 특허가 등록된 지 3년 이내 다른 특허로부터 인용되는 피인용횟수는 5년 이내에 발표된 과학논문을 인용하였을 경우 평균 3.53회, 10년 이내에 발표된 과학논문을 인용하였을 경우 평균 3.22회, 10년보다 더 오래된 과학논문을 인용하였을 경우 평균 2.21회 정도인 것으로 나타났다.

과학논문을 인용한 한국인 특허가 등록된 지 5년 이내 다른 특허로부터 인용되는 피인용횟수는 5년 이내에 발표된 과학논문을 인용하였을 경우 평균 5.68회, 10년 이내에 발표된 과학논문을 인용하였을 경우 평균 4.99회, 10년보다 더 오래된 과학논문을 인용하였을 경우 평균 3.51회 정도인 것으로 나타났다.

과학논문을 인용한 한국인 특허가 등록된 이후부터 2005년까지 전체 기간 동안 다른 특허로부터 인용되는 피인용횟수는 5년 이내에 발표된 과학논문을 인용하였을 경우 평균 7.39회, 10년 이내에 발표된 과학논문을 인용하였을 경우 평균 6.11회, 10년보다 더 오래된 과학논문을 인용하였을 경우 평균 4.74회 정도인 것으로 나타났다.

미국특허 표제면에 인용된 과학논문을 이용하여 한국 과학기술자들이 기술개발시 과학적 토대에 기초하고 있는지를 측정하였다. 또한 SCIE에 수록된 학술지를 중심으로 학문 분야와 기술 분야간 연관관계를 측정하였다. 측정결과는 다음과 같다.

첫째, 과학논문과 특허간 상호 작용의 집중화 현상을 발견하였다. 1990년부터 2005년까지 미국특허청에 등록된 한국인 특허 중 과학논문을 인용한 특허는 13%에 불과하였으며, 소수의 특허에서 과학논문을 집중적으로 인용하고 있었다. 과학논문을 인용하고 있는 특허의 수는 1994년 91건에서 2004년 585건으로 6.4배 증가하였지만 특허에 인용된 과학논문의 수는 1994년 206건에서 2004년 2,697건으로 13배 이상 증가하였다. 그러나 미국특허 중 한국인 특허에서 인용된 과학논문의 수가 평균 한 건에도 이르지 못하고 있지만 지속적으로 증가하였다. 과학연계지수는 전체 등록특허 한 건당 인용된 과학논문의 수를 나타내며, 1990년 0.29에서 2004년 0.60으로 15년 동안 약 2배 증가하였다. 즉 과학논문을 인용하고 있는 특허 한 건당 과학논문의 수는 한국의 과학적 지식기반이 취약하여 한국의 기술개발이 과학적 지식과는 별개로 개발되었지만 1990년대 후반부터 기술과 과학적 지식과의 연계강도가 증가하고 있다.

둘째, 한국의 기술개발과 관련하여 가장 많은 상호 작용을 보이는 특허 기술 분야는 전기전자기술과 관련된 분야였다. 한국이 강점을 보이는 반도체 분야를 포함하여 정보통신 분야는 1990년대부터 2000년대 상반기까지 과학논문과 특허간 다양한 방식으로 많은 상호 작용을 보였으며, 광기술 분야는 2000년대 상반기 두드러진 상호 작용 현상을 보였다.

셋째, 특허 출원인의 유형 및 소속기관에 따라 기술개발시 과학적 지식의 활용 정도에 차이가 있음을 발견하였다. 한국의 기술개발은 기업에 의해 주도적으로 이루어지고 있었으며, 과학적 지식을 가장 활발히 활용하는 분야는 반도체였다. 공공연구기관은 과학적 지식에 대한 접근 및 활용이 기업에 비해 더 활발하며 반도체와 바이오기술 분야의 특허에서 과학논문을 많이 인용하였다. 한편 대학은 과학논문의 주요 생산 주체이지만 생산된 과학적 지식을 자본화하는 활동이 저조하며, 바이오기술 분야의 특허에서 강력하게 과학적 지식을 활용하는 것으로 나타났다.

넷째, 특허에 인용된 과학논문의 수를 이용하여 과학연계지수, 과학상호작용지수를 산출하여 어떤 기술 분야에서 과학을 집약적으로 사용하는지 파악하였다. 특허에 인용된 과학논문의 수가 많을수록 과학과 기술간 연결 정도가 크다고 말할 수 있다. 특허 한 건당 인용하는 과학논문의 수가 많은 특허 기술 분야는 바이오기술 분야로 과학연계지수가 5 이상으로 나타났다. 한편 반도체나 광기술 관련 분야에 속한 특허는 특허 한 건당 인용된 과학논문의 수가 적을 뿐만 아니라 과학논문을 인용하지 않은 특허가 훨씬 더 많았다. 과학상호작용지수를 보면 1990년대 상반기로부터 2000년대 상반기까지 바이오기술 분야는 9.14에서 7.45로 감소하였지만, 유기화학 분야는 4.93에서 5.82로, 광기술 분야는 1.20에서 6.81로, 반도체 분야는 1.91에서 2.49로 증가추세를 보였다. 광기술 분야의 특허는 과학상호작용지수가 1990년대에 비해서 2000년대 상반기에 극적으로 증가하였다.

다섯째, SCIE 과학논문과 특허의 주제 분야를 이용하여 학문 분야와 기술 분야간 상호 작용의 역동성을 측정하였다. 특정 학문 분야가 인용을 통해 서로 연계되어 있는 특허 기술 분야의 수를 이 학문 분야의 과학확산지수라 한다. 과학확산지수가 가장 높은 학문 분야는 전기 및 전자공학, 응용물리학, 다학문 분야 순으로 나타났으며, 한국의 기술개발과 관련하여 특허 기술 분야에서 가장 활용도가 높은 학문 분야라 할 수 있다. 또한 특정 기술 분야가 인용을 통해 서로 연계되어 있는 학문 분야의 수를 이 기술 분야의 과학흡수지수라 한다. 과학흡수지수가 가장 높은 IPC 기술 분야는 의약품(A61K) 분야로 나타났으며, 그다음이 유기화학, 제어기술 분야였다.

여섯째, 다차원척도분석과 군집분석을 이용하여 유사한 과학적 기반을 가지고 있는 서로 다른 기술 분야를 유사한 과학기반 기술군으로 군집화하였다. 특허에서 과학논문에 대한 인용빈도가 높은 기술 분야는 전기전자기술군과 바이오기술군으로 구분되었으며, 이 두 기술군은 2차원 공간상에서 서로 대칭적으로 위치하였다. 그리고 이 두 기술군 사이에는 화학 및 화학공학 분야에 과학적 기반을 두고 있는 화학 관련 IPC 기술 분야들이 자리잡고 있었다. 기초연구 분야와 관련도가 높은 화학 및 바이오기술군은 과학흡수지수가 높았으며, 응용연구 분야와 관련도가 높은 전기전자기술군과 광기술군은 과학확산지수가 높았다.

일곱째, 한국인 특허에 인용된 과학논문은 소수의 학술지 또는 학술회의자료에 수록된 것으로 나타났다. 특허에 100회 이상 인용된 학술지 또는 학술회의자료는 총 27종으로 전체 인용된 학술지와 학술회의자료 2,130종 중 1%에 해당하며 특허에 인용된 전체 과학논문 14,969건 중 약 39%인 5,837건을 차지하였다. 특허에 인용된 전체 학술지 중 약 18%에 해당하는 391종이 전체 과학논문 14,969건 중 약 80%에 해당하는 11,971건을 수록하고 있었다. 또한 한국인이 주로 인용하는 학술지는 기초과학 분야보다는 응용과학 분야, 그리고 다학문적 성격을 지니고 있었다. 한국인 기술개발에 있어 과학의존도가 상대적으로 높은 반도체, 정보통신, 정보기술, 광기술 분야는 학술지뿐만 아니라 학술회의자료에 나타난 과학적 지식과 많은 연계를 보였다.

여덟째, 정보통신기술을 포함하여 응용연구로부터 제품화 속도가 빠른 전기·전자 관련 기술 분야들은 학술회의자료를 많이 인용하고 있으며, 바이오기술을 포함하여 기초연구에 대한 의존도가 높은 화학 및 의약품 관련 기술 분야는 학술지를 주로 인용하고 있었다. 특허에 인용된 과학논문의 평균 인용시차를 살펴보았을 때 학술지는 7.51년인데 반해 학술회의자료는 4.76년으로, 학술회의자료에 수록된 과학논문이 훨씬 빨리 인용되고 있었다. 인용시차는 기존의 지식이 흡수, 확산되는 속도를 나타낸다. 인용시차가 짧다는 것은 과학논문과 기술간 상호 작용의 속도가 빠르고 기술발전의 속도가 빨라서 지식의 흐름이 가속화된다는 것을 의미한다. 또한 과학논문과 특허간 인용시차가 짧다는 것은 과학의 자본화, 상업화가 활발히 이루어지고 있음을 나타낸다. 즉 과학논문의 경제적 효과가 가시화되는 데 오랜 시간이 소요되지 않는다는 것을 의미한다.

　지식기반사회의 경제성장은 과학기술을 포함하는 지식을 얼마나 생산하고 이용하느냐에 따라 좌우된다. 과학·기술 지식을 창출하고 이용하지 못하는 국가는 그 경제성장을 오래 유지할 수 없다. 과학적 지식의 흐름은 기술 지식의 흐름보다 비교적 용이하며, 과학적 지식을 신속하게 흡수하여 응용할 수 있는 능력을 가지고 있다면 이를 이용하여 최신 기술을 개발할 수 있다. 과학기반으로 성장하는 산업은 OECD 국가들의 성장을 주도하고 있으며, 이 때문에 모든 국가는 과학연계를 증가시키기 위해 노력하고 있다.

　과학적 연구결과와 기술적 활용성이 어떻게 관련되어 있는지, 기술 활동에 종사하는 과학기술자들이 과학적 지식을 어떻게 인용하는지 파악할 수 있는 가장 대중적인 방법은 특허에 인용된 과학논문을 분석하는 것이다. 특허에 인용된 과학논문은 지식흐름의 복잡성과 상호 호혜적인 상호 작용이라는 특징을 반영한다. 과학논문과 특허간 연계 정보는 어떤 학문 분야가 어떤 기술 분야와 관련되어 있는지를 나타내며, 학계와 산업계간 어떤 상호 작용이 바람직한지 판단할 때 유용한 정보를 제공한다.

　이 연구는 한국인이 출원한 미국특허에 인용된 과학논문이 지식흐름의 발생에 끼치는 영향을 발견하고자 한국인 특허를 인용하고 있는 다른 미국인 특허에 관한 서지정보를 수집하였다. 과학논문을 인용하고 있는 한국인 특허가 향후에 다른 미국특허에 의해 인용시차별로 인용되는 횟수에 관해 일련의 가설들을 설정하여 검증하였으며, 그 결과는 다음과 같다.

첫째, 한국인 특허에 인용된 과학논문의 수는 특허의 피인용횟수와 서로 관련이 없었다. 과학논문에 대한 인용횟수에 따라 한국인 특허가 다른 특허에 의해 받게 되는 인용횟수에 영향을 받지 않았다.

둘째, 과학논문의 품질은 특허의 피인용횟수와 서로 관련이 있었다. 한국인 특허 중 SCI 과학논문을 많이 인용한 특허가 SCI 과학논문을 적게 인용한 특허보다 다른 특허에 의해 더 적게 인용되었다.

셋째, 과학논문의 최신성은 한국인 특허의 피인용횟수와 서로 관련이 있었다. 특허와 과학논문간 인용시차가 짧을수록 한국인 특허는 다른 특허에 의해 더 많이 인용되었다.

1990년부터 2004년까지 등록된 미국특허 중 발명자 또는 출원인의 국적이 한국으로 지정된 특허와 이 한국인 특허에 인용된 과학논문을 이용하여 특허와 과학논문간 상호 작용을 분석하였다. 미국특허 중 한국인 특허와 이 특허에 인용된 과학논문간 상호 작용을 측정한 결과 발견된 중요한 특징은 다음과 같다.

첫째, 1990년부터 2004년까지 미국특허청에 등록된 한국인 특허 32,935건 중 과학논문을 인용하고 있는 특허는 약 13%인 4,275건이었으며, 소수의 특허에서 과학논문이 집중적으로 인용되었다. 기술개발에 있어 과학논문의 역할이 증가하고 있으며, 직·간접적으로 배경지식을 제공하고 있음을 보여주지만 낮은 과학연계지수는 전반적으로 형식지로 된 과학적 지식의 활용수준이 저조함을 보여주었다.

둘째, 한국의 기술개발과 관련하여 과학논문을 가장 많이 인용하고 있는 분야는 광기술, 반도체 분야이며, 정보기술과 정보통신 분야, 유기화학 분야가 그 뒤를 따르고 있다. 한국의 기술발전과 가장 밀접한 관련을 맺고 있는 학문 분야는 전기전자공학, 물리학, 화학이었다.

셋째, 과학확산지수가 가장 높은 학문 분야는 전기전자공학이었으며, 그다음이 응용물리학, 다학문 분야였다. 과학확산지수가 높은 학문 분야는 연계된 기술 분야의 수가 많으며 다양한 기술과 관련을 맺고 있어서 학문의 응용범위가 넓은 분야였다. 과학확산지수가 높은 학문 분야와 활발한 상호 작용을 보이는 기술 분야는 반도체, 광기술, 정보기술, 정보통신이었다.

넷째, 한국의 과학흡수지수가 가장 높은 IPC 기술 분야는 의약품(A61K) 분야이며, 그다음이 유기화학, 제어기술, 반도체 기술 분야였다. 과학흡수지수가 높은 기술 분야는 과학적 지식기반이 광범위하며, 다양한 학문 분야로부터 지식을 흡수하여 활용하고 있음을 나타낸다. 과학흡수지수가 높은 기술 분야와 활발한 상호 작용을 보이는 학문 분야는 화학, 화학공학, 다학문 분야, 고분자였다.

다섯째, 한국인 특허에서 가장 많이 인용된 핵심학술지는 전기전자공학 분야, 응용연구 분야, 다학제성이라는 특징을 지니고 있었다. 한국의 기술개발을 이끈 학술지는 소수에 집중되어 있었다. 한국인 특허에 인용된 학술지와 학술회의자료 중 18%에 해당하는 391종에서 전체 과학논문 인용빈도 14,969건 중 80%인 11,971건이 인용되었다.

여섯째, 응용연구로부터 제품화 속도가 빠른 전기·전자 관련 기술 분야들은 학술회의자료를 많이 인용하고 있으며, 기초연구에 대한 의존도가 높은 화학 및 의약품관련 기술 분야와 바이오기술 분야는 학술지를 주로 인용하고 있었다. 과학논문과 특허간 평균 인용시차를 살펴보면 학술지는 7.51년, 학술회의자료는 4.76년으로 나타났으며, 학술회의자료의 속도가 2.75년 정도 빠른 것으로 나타났다.

이 연구는 한국인이 과학논문으로부터 과학지식을 흡수하여 특허라는 기술지식을 창출하고 이 기술지식이 확산되는 일련의 지식흐름을 분석하였다. 이를 통해 한국의 기술개발과 상호 작용하는 과학 영역을 실증적으로 밝혀내는 성과를 얻을 수 있었다. 기존에 학술지 또는 비특허문헌 전체를 대상으로 측정되었던 과학연계지수에서 탈피하여 학술회의자료에 수록된 과학논문까지 분석함으로써 한국의 기술개발과 관련된 과학집약도가 높은 기술 분야뿐만 아니라 기술개발에 유입된 핵심 학술지 및 학술회의자료를 실증적으로 밝혀내는 성과를 얻었다. 또한 과학논문이 특허의 혁신가치에 어떠한 영향을 미치고 있는지를 탐구함으로써 과학논문의 중요도를 식별하고자 했다는 점에 의의를 찾을 수 있다.

한편 이 연구에서 제시된 다양한 결과는 관련 분야의 연구를 통해 확장되거나 기여할 수 있을 것이다. 한국인의 기술개발과 관련된 과학논문을 파악하여 합리적인 정보자원 개발에 활용할 수 있으며, 각 기관 유형별로, 기술 분야별로 지식의 활용패턴을 파악하여, 연구개발에 필요한 정보인프라를 사전에 합리적으로 구축할 수 있을 것이다. 또한 과학과 기술간 상호 작용을 통한 지식흐름을 규명함으로써 어떤 학술연구 분야에 정부가 지원해야 하는지 정책결정자가 결정해야 할 때 귀중하고 객관적인 기반을 제공할 수 있을 것이다.

강병서, 김계수. 2001. **사회과학통계분석**. 서울: (주)데이타솔루션.

김현희, 김용호. 1993. **계량정보학**. 서울: 구미무역(주).

강성진, 서환주. 2005. "기업특허출원자료를 활용한 기술혁신요인 및 기술파급효과 분석", **경제학연구**, 53(3): 121-151.

김성호, 곽수환, 강민철. 2005. "특허지표를 활용한 특허경영성과에 관한 실증적 연구", **지식연구**, 3(1): 106-128.

김승군. 2004. **특허통계·지표개발에 대한 기초연구**. 서울: 지적재산권 연구센터.

박규호. 2005. "특허분석을 통한 한국의 지식흐름과 혁신네트워크 특성 분석", **기술경영경제학회 학술대회 논문집**, 189-216.

박상인, 조성복, 김정화, 정선양. 2003. "과학과 기술의 연계에 관한 실증적 연구", **제23회 기술경영경제학회 하계학술대회**, 2003년 6월 30일. 서울: 과총회관.

박한우, Loet Leydesdorff, 홍형득, 홍성조. 2004. "Triple-Helix 지표를 이용한 한국과 네덜란드의 지식기반 혁신시스템 비교연구", **한국자료분석학회지**, 6(5): 1389-1402.

삼성경제연구소. 1999. **지식경영과 한국의 미래.** 서울: 삼성경제연구소.

원우현. 1995. **과학저널리즘 교육프로그램 개발에 관한 연구.** 서울: 과학기술정책연구원.

윤문섭, 이우형. 2003. **IT 및 BT 분야 기술수준 평가 및 정책적 시사점: 미국특허의 인용도 분석.** 서울: 과학기술정책연구원.

윤병운. 2003. "특허의 네트워크 분석을 통한 기술혁신의 산업별 특성 연구", **기술경영경제학회 제22회 동계학술발표회 논문집,** 121-135.

윤병운. 2005. **특허분석을 통한 기술지식의 관리와 신기술 개발 방법론.** 박사학위논문, 서울대학교, 산업공학과.

윤병운, 백재호, 박용태. 2001. "데이터마이닝을 이용한 특허인용분석", **한국경영과학회·대한산업공학회 춘계공동학술대회 논문집,** 2001년 4월 27일~28일, 583-586.

윤병운, 이 욱, 박종용, 박용태. 2004. "한국 제조업의 산업간 기술지식 구조와 흐름에 대한 분석: 특허자료를 활용한 클러스터 분석을 중심으로", **기술경영경제학회 제24회 하계학술발표회.**

이공래. 2000. **기술혁신이론의 개관.** 서울: 과학기술정책연구원.

이 욱, 윤병운, 박용태. 2004. "동북아 국가의 산업간 기술지식 흐름 및 구조 분석: 특허 인용 자료의 활용", **대한산업공학회 추계학술대회 논문집,** 1-8.

이원형. 2004. **특허데이터베이스를 활용한 기업―산업간 연계구조 분석과 한국기업의 특허전략 평가.** 서울: 과학기술정책연구원.

이재하, 이용, 권철신. 1989. "특허정보에 의한 기술의 연관구조 및 예측모형", **대한산업공학회 학술대회 논문집,** 209-212.

이정구. 2004. "특허정보 활용의 중요성과 생명공학 분야 특허동향", **지식재산21**, 87: 3-30.

이철희. 2001. "논문과 특허의 관계: '신규성 의제' 문제와 사례연구", **전력전자학회지**, 6(4): 43-46.

조황희, 박수동. 2000. **과학기술의 자본화: 과학기반산업의 혁신.** 서울: 과학기술정책연구원.

채서일. 2003. **사회과학조사방법론.** 제3판. 서울: 박영사.

최상기. 1996. "한국과 일본의 기계공학 분야의 인용분석 비교연구", **정보관리학회지**, 13(2): 121-141.

최영락, 장영배, 황영순. 1999. **과학기반산업의 의의와 추진방향.** 서울: 과학기술정책연구원.

한국특허청. 2000. **국제특허분류(IPC).** 제7판. 대전: 한국특허청.

한국특허청. 2005. **과학기술자를 위한 특허정보핸드북.** 대전: 한국특허청

홍성하. 1991. "생물산업에서의 특허정보 관리와 활용", **생물산업**, 4(2): 2038-2045.

Acosta, Manuel and Daniel Coronado. 2003. "Science-technology flows in Spanish regions: An analysis of scientific citations in patents", *Research Policy*, 32: 1783-1803.

Ahuja, G., and R. Katila. 2001. "Technological acquisition and the innovative performance of acquiring firms: A longitudinal study", *Strategic Management Journal*, 22: 197-220.

Albert, M.B., D. Avery, F. Narin, and P. McAllister. 1991. "Direct validation of citation counts as indicators of industrially important", *Research Policy*, 20(3): 251-259.

Balconi, Margherita, Stefano Breschi, and Francesco Lissoni. 2004. "Networks of inventors and the role of academia: An exploration of Italian patent data", *Research Policy*, 33:127-145.

Bhattacharya, Sujit, and M. T. R. Khan. 2001. "Monitoring technology trends through patent analysis", *Research Evaluation*, 10(1): 33-45.

Bhattacharya, Sujit, and Martin Meyer. 2003. "Large firms and the science-technology interface: Patents, patent citations, and scientific output of multinational corporations in thin films", *Scientometrics*, 58(2): 265-279.

Bhattacharya, Sujit, Hildrun Kretschmer, and Martin Meyer. 2003. "Characterizing intellectual space between science and technology", *Scientometrics*, 58(2): 369-390.

Breitzman, Anthony, F., and Mary Ellen Mogee. 2002. "The many applications of patent analysis", *Journal of Information Science*, 28(3): 187-205.

Breschi, S., F. Lissoni., and F. Malerba. 2003. "Knowledge networks from patent citaitons? Methodological issues and preliminary results", *DRUID summer conference on creating, sharing and transferring knowledge*, June 12-14, Copenhagen.

Brinn, Michael W., Julia M. Fleming, Fernando M. Hannaka, Colin B. Thomas, Peter A. Beling. 2003. "Investigation of forward citation count as a patent analysis method", In *Proceedings of the 2003 Systems and Information Engineering Design Symposium*, 1-6.

Brooks, H. 1994. "The relationship between science and technology", *Research Policy*, 23: 477-486.

Carpenter, Mark P., and Francis Narin. 1983. "Validation study: Patent citations as indicators of science and foreign dependence", *World Patent Information*, 5(3): 180-185.

Carpenter, Mark P., Francis Narin, and Patricia Woolf. 1981. "Citation rates to technologically important", *World Patent Information*, 3(4): 160-163.

Collins, P., and S. Wyatt. 1988. "Citations in patents to the basic research literature", *Research Policy*, 17: 65-74.

Coward, H. R. and J. J. Franklin. 1989. "Identifying the science-technology interface: Matching patent data to a bibliometric model", *Science, Technology and Human Values*, 14(1): 50-77.

Deleus, Filip, and Marc M. Van Hulle. 2003. "Monitoring elasticity between science and technology and its visualization", *Scientometrics*, 56(1): 147-160.

Doré, Jean-Christophe, Christian Dutheuil, and Jean-François Miquel. 2000. "Multidimensional analysis of trends in patent activity", *Scientometrics*, 47(3): 475-492.

European Commission. 2003. *Third European Report on Science & Technology Indicators*. Brussel, Belgium: European Commission.

Fung, Michael and William W. Chow. 2002. "Measuring the intensity of knowledge flow with patent statistics", *Economic Letters*, 74: 353-358.

Ganguli, P. and M. J. R. Blackman. 1995. "Patent documents: A multi-edge tools", *World Patent Information*, 17: 245-246.

Gittelman, Michelle, and Bruce Kogut. 2003. "Does good science lead to valuable knowledge? Biotechnology firms and the evolutionary logic of citation patterns", *Management Science*, 49(4): 366-382.

Gittelman, Michelle. 2002. "Investing in influence: First authors and patent-to-paper citations in biotechnology", In *Proceedings of 2nd Annual Wharton Technology Mini-Conference*, University of Pennsylvania, 12-13 April 2002.

Glänzel, Wolfgang, and Martin Meyer. 2003. "Patents cited in the scientific literature: An exploratory study of 'reverse' citation relations", *Scientometrics*, 58(2): 415-428.

Glänzel, Wolfgang, Rickard Danell, and Olle Persson. 2003. "The decline of Swedish neuroscience: Decomposing a bibliometric national science indicator", *Scientometrics*, 57(2): 197-213.

Godin, Benoît. 1995. "Research and the practice of publication in industries", *Research Policy*, 25: 587–606.

Godin, Benoît. 2003. "The emergence of S & T indicators: Why did governments supplement statistics with indicators?", *Research Policy*, 32: 679–691.

Grupp, Hariolf, ed. 1992. *Dynamics science-based innovations*. Berlin / Heldelberg: Springer.

Grupp, Hariolf, Ulrich Schmoch, and Knut Koschatzky. 1998. "Science and technology infrastructure in Baden-Wuerttemberg and its orientation towards future regional development", *Journal of the American Society for Information Science*, 49(1): 18–29.

Gupta, V. K., and N. B. Pangannaya. 2000. "Carbon nanotubes: Bibliometric analysis of patents", *World Patent Information*, 22:185–189.

Hagedoorn, John, and Myriam Cloodt. 2003. "Measuring innovative performance: Is there an advantage in using multiple indicators?", *Research Policy*, 32: 1365–1379.

Hall, Bronwyn, Adam Jaffe, and Manel Trajtenberg. 2001. *The NBER patent citations data file: Lessons, insights and methodological tools*. NBER Working Paper 8498.

Harhoff, Dietmar, Frederic M. Scherer, and Katrin Vopel. 2003. "Citations, family size, opposition and the value of patent rights", *Research Policy*, 32: 1343–1363.

Hassan, E. 2003. "Simultaneous mapping of interactions between scientific and technological knowledge bases: The case of space communications", *Journal of the American Society for Information Science and Technology*, 54(5): 462-468.

Heimeriks, Gaston, Marianne Hörlesberger, and Peter Van Den Besselaar. 2003. "Mapping communication and collatoration in heterogeneous research networks", *Scientometrics*, 58(2): 391-413.

Hirschey, Mark, and Vernon J. Richardson. 2004. "Are scientific indicators of patent quality useful to investors?", *Journal of Empirical Finance*, 11: 91-107.

Hu, Alert G. Z., and Adam B. Jaffe. 2003. "Patent citations and international knowledge flow: The cases of Korea and Taiwan", *International Journal of Industrial Organization*, 21: 849-880.

Huang, Mu-Hsuan, Li-Yun Chiang, and Dar-Zen Chen. 2003. "Constructing a patent citation map using bibliographic coupling: A study of Taiwan's high-tech companies", *Scientometrics*, 58(3): 489-506.

Huang, Zan, Hsinchun Chen, Alan Yip, Gavin Ng, Fei Guo, Zhi-Kai Chen, and Mihail C. Roco. 2003. "Longitudinal patent analysis for nanoscale science and engineering: Country, institution and technology field", *Journal of Nanoparticle Research*, 5(3/4): 333-365.

Iversen, Eric J., 2000. "An excursion into the patent-bibliometrics of Norwegian patenting", *Scientometrics*, 49(1): 63-80.

Jacobsson, Staffan, and Annika Rickne. "How large is the Swedish 'academic' sector really? Critical analysis of the use of science and technology indicators", *Research Policy*, 33: 1355-1372.

Jaffe, Adam B, and M. Trajtenberg. 1998. *International knowledge flows: Evidence from patent citations*. NBER Working Paper Series 6507.

Karki, M. M. S. 1997. "Patent citation analysis: A policy analysis tool", *World Patent Information*, 19(4): 269-272.

Leydesdorff, Loet. 2004. "The university-industry knowledge relationship: Analyzing patents and the science base of technologies", *Journal of the American Society for Information Science and Technology*, 55(11): 991-1001.

Lo, Szu-Chia. 2006. "Linkage between public science and technology development of genetic engineering: Preliminary study on patents granted to Japan, Korea and Taiwan", In *Proceedings of International Workshop on Webometrics, Informetics and Scientometrics & 7th COLLINET Meeting*, Nancy, France.

MacGarvie, Megan. 2005. "The determinants of international knowledge diffusion as measured by patent citations", *Economic Letters*, 87: 121-126.

Malo, Stephane and Aldo Geuna. 2000. "Science-technology linkages in an emerging research platform: The case of combinatorial chemistry and technology", *Scientometrics*, 47(2): 303-321.

Mariani, Myriam. 2004. "What determines technological hits? Geography versus firm competencies", *Research Policy*, 33(10): 1565-1582.

McMillan Steven, Francis Narin, and David L. Deeds. 2000. "An analysis of the critical role of public science in innovation: The case of biotechnology", *Research Policy*, 29: 1-8.

Meyer, Martin. 2000a. "Patent citations in a novel field of technology: What can they tell about interaction between emerging communities of science and technology?", *Scientometrics*, 48(2): 151-178.

Meyer, Martin. 2000b. "Does science push technology? Patents citing scientific literature", *Research Policy*, 29: 409-434.

Meyer, Martin. 2000c. "What is special about patent citations? Differences between scientific and patent citations", *Scientometrics*, 49(1): 93-123.

Meyer, Martin. 2001. *Science & technology indicators trapped in the triple helix? The case of patent citations in a novel field of technology.* SISTER Working Paper 2001-7. Stockholm: SISTER.

Meyer, Martin. 2002a. "Tracing knowledge flows in innovation systems", *Scientometrics*, 54(2): 193-212.

Meyer, Martin. 2002b. "Tracing knowledge flows in innovation systems: An informetric perspective on future research on science-based innovation", *Economic Systems Research*, 14(4): 323-344.

Meyer, Martin. 2003. "Measuring science-technology interaction in the knowledge-driven economy", In *Proceedings of Engineering Management Conference, 2003. IEMC '03. Managing Technologically Driven Organizations: The Human Side of Innovation and Change*, 81-85.

Meyer, Martin, Tatiana Siniläinen, and Jan Timm Utecht. 2003. "Towards hybrid triple helix indicators: A study of university-related patents and a survey of academic inventors", *Scientometrics*, 58(2): 321-350.

Meyer, Martin, Tiago Santos Pereira, Olle Persson, and Ove Granstrand. 2004. "The scientometirc world of Keith Pavitt: A tribute to his contributions to research policy and pattern analysis", *Research Policy*, 33: 1405-1417.

Meyer, Martin, and Sujit Bhattacharya. 2004. "Commonalities and differences between scholarly and technical collaboration: An exploration of co-invention and co-authorship analyses", *Scientometrics*, 61(3): 443-456.

Meyer-Krahmer, F. and U. Schmoch. 1998. "Science-based technologies: University-industry interactions in four fields", *Research Policy*, 27: 835-851.

Michel, Jacques, and Bernd Bettels. 2001. "Patent citation analysis: A closer look at the basic input data from patent search reports", *Scientometrics*, 51(1): 185-201.

Murray, Fiona. 2002. "Innovation as co-evolution of scientific and technological networks: Exploring tissue engineering", *Research Policy*, 31: 1389-1403.

Narin Francis, and Elliot Noma. 1985. "Is technology becoming science?" *Scientometrics*, 7: 369-381.

Narin, Francis, and Dominic Olivastro. 1988. Patent citation analysis: new validation studies and linkage statistics. In: van Raan, A. F. J., Nederhoff, A. J., Moed, H. F. (Eds.), *Science Indicators: Their Use in Science Policy and Their Role in Science Studies*, The Netherlands: DSWO Press, 14-16.

Narin, Francis, and Dominic Olivastro. 1992. "Status report: Linkage between technology and science", *Research Policy*, 21(3): 237-249.

Narin, Francis, and Dominic Olivastro. 1998. "Linkage between patents and papers: An interim EPO/US comparison", *Scientometrics*, 41: 51-59.

Narin, Francis, Elliot Noma, and Ross Perry. 1987. "Patents as indicators of corporate technological strength", *Research Policy*, 16(2/4): 143-155.

Narin, Francis, Elliot Noma, and Ross Perry. 1993. "Patent as indicators of corporate technological strength", *Research Policy*, 22(2): 108.

Narin, Francis, Kimberly S. Hamilton, and Dominic Olivastro. 1997. "The increasing linkage between US technology and public science", *Research Policy*, 26(3): 317-330.

Noyons, E. C. M., A. F. J. Van Raan, H. Grupp, and U. Schmoch. 1994. "Exploring the science and technology interface: Inventor-author relations in laser medicine research", *Research Policy*, 23: 443-457.

Noyons, E. C. M., M. L. Luwel, and H. F. Moed. 1998. "Assessment of Flesmish R & D in the field of information technology: A bibliometric evaluation based on publication and patent data, combined with OECD research input statistics", *Research Policy*, 27: 285-300.

Pavitt, K. 1998. "The social shaping of the national science base", *Research Policy*, 27(8): 793-805.

Ramani, Shyama V., and Marie-Angele De Looze. 2002. "Using patent statistics as knowledge base indicators in the biotechnology sectors: An application to France, Germany and the U. K." *Scientometrics*, 54(3): 319-346.

Schmoch, U. 1993. "Tracing the knowledge transfer from science to technology as reflected in patent indicators", *Scientometrics*, 26(1): 193-211.

Schmoch, U. 1997. "Indicators and the relations between science and technology", *Scientometrics*, 38: 103-116.

Sorenson, Olav and Lee Fleming. 2004. "Science and the diffusion of knowledge", *Research Policy*, 33: 1615-1634.

Tamada, Schumpeter, Yusuke Naito, Kiminori Gemba, Fumio Kodama, Jun Suzuki, and Akira Goto. 2004. *Science linkages in technologies patented in Japan*. RIETI Discussion Paper Series 04-E-034.

Tijssen, Robert J. W. 2002. "Science dependence of technologies: Evidence from inventions and their inventors", *Research Policy*, 31: 509-523.

Tijssen, R. J. W. 2001. "Global and domestic utilization of industrial relevant science: patent citation analysis of science-technology interactions and knowledge flows", *Research Policy*, 30: 35-54.

Tijssen, R. J. W., R. K. Buter, and TH. N. Van Leeuwen. 2000. "Technological relevance of science: An assessment of citation linkages between patents and research papers", *Scientometrics*, 47(2): 389-412.

Trippe, Anthony J. 2003. "Patinformatics: Tasks to tools", *World Patent Information*, 25: 211-221.

U.S. Code of Federal Regulations. Title 37 Patents, Trademarks, and Copyrights. Revised July 1, 2005. [cited 2006. 5. 23] <http://www.access.gpo.gov/cgi-bin/cfrassemble.cgi?title=200 537>.

U.S. National Science Foundation. 2006. *Science and Engineering Indicators*. Arlington, VA: National Science Foundation.

Van Looy, B., E. Zimmermann, R. Veugelers, A. Verbeek. J. Mello, and K. Debackere. 2003. "Do science-technology interactions pay off when developing technology? An exploratory investigation of 10 science-intensive technology domains", *Scientometrics.* 57(3): 355-367.

Van Vianen, B. G., H. F. Moed, and A. F. J. Van Raan. 1990. "An exploration of the science base of recent technology", *Research Policy*, 19: 61-81.

Verbeek, Arnold, Koenraad Debackere, and Marc. Luwel. 2003. "Science cited in patents: A geographic flow analysis of bibliographic citation patterns in patents", *Scientometrics*, 58(2): 241-263

Verbeek, Arnold, Koenraad Debackere, Marc Luwel, Petra Andries, Edwin Zimmermann, and Filip Deleus. 2002a. "Linking science to technology: Using bibliographic references in patents to build linkage schemes", *Scientometrics*, 54(3): 399-420.

Verbeek, Arnold, Petra Andries, J. Callaert, Koenraad Debackere, Marc Luwel, and R. Veugelers. 2002b. *Linking science to technology: Bibliographic references in patents. Vol.1. Science and technology interplay: Policy relevant findings and interpretations*, Brussels, Belgium: European Commission, EUR 20492.

World Intellectual Property Organisation. 2000. "International Patent Classification (IPC)", [cited 2006. 1. 25], <http://www.wipo.int/classifications/en/>.

Yoon, Byungun, and Yongtae Park. 2004. "A text-mining-based patent network: Analytical tool for high-technology trend", *The Journal of High Technology Management Research*, 15: 37-50.

부록 1. OST/INPI 특허 기술분류표

	전기전자기술	
1	전기공학	G05F, H01B, H01C, H01F, H01G, H01H, H01J, H01K, H01M, H01R, H01T, H05B, H05C, H05F, H05K, F21, H02
2	시청각기술	G09F, G09G, G11B, H03F, H03G, H03J, H04R, H04S, H04N3/, H04N5/, H04N9/, H04N13/, H04N15/, H04N17/
3	정보통신	H03B, H03C, H03D, H03H, H03K, H03L, H03M, G08B, H01P, H01Q, H04B, H04H, H04J, H04K, H04L, H04M, H04N1, H04N7, H04N11, H04Q
4	정보기술	G11C, G10L, G06
5	반도체	H01L
	도구 및 장치	
6	광기술	G03B, G03C, G03D, G03F, G03G, G03H, H01S, G02
7	제어기술	G01B, G01C, G01D, G01F, G01G, G01H, G01J, G01K, G01L, G01M, G01N, G01P, G01R, G01S, G01V, G01W, G05B, G05D, G04, G07, G08B, G08G, G09B, G09C, G09D, G12
8	의료기술	A61B, A61C, A61D, A61F, A61G, A61H, A61J, A61L, A61M, A61N
	화학, 의약품, 바이오기술	
9	유기화학	C07C, C07D, C07F, C07H, C07J, C07K
10	고분자	C08B, C08F, C08G, C08H, C08K, C08L, C09D, C09J, C13L
11	의약품	A61K
12	바이오기술	C07G, C12M, C12N, C12P, C12Q, C12R, C12S
13	재료	C01, C03C, C04, C21, C22, B22
14	식품화학	A01H, A21D, A23B, A23C, A23D, A23F, A23G, A23J, A23K, A23L, C12C, C12F, C12G, C12H, C12J, C13D, C13F, C13J, C13K
	공정기술	
15	기초재료화학	A01N, C05, C07B, C08C, C09B, C09C, C09F, C09G, C09H, C09K, C10B, C10C, C10F, C10G, C10H, C10J, C10K, C10L, C10M, C11B, C11C, C11D
16	화학공학	B01B, B01D, B01F, B01J, B01L, B02C, B05B, B03, B04, B06, B07, B08, F25J, F26

	공정기술	
17	표면기술	B05C, B05D, B32, C23, C25, C30
18	재료공정	A41H, A43D, A46D, B28, B29, B31, C03B, C08J, C14, D01, D02, D03, D05, D04B, D04C, D04G, D04H, D06B, D06C, D06G, D06H, D06J, D06L, D06M, D06P, D06Q, D21
19	열처리	F22, F23B, F23C, F23D, F23H, F23K, F23L, F23M, F23N, F23Q, F24, F25B, F25C, F27, F28
20	환경기술	A62D, B01D46, B01D47, B01D49, B01D50, B01D51, B01D53, B09, C02, F01N, F23G, F23J
	기계공학, 기계류	
21	기계류	B21, B23, B24, B27, B30, B26D, B26F
22	엔진	F01B, F01C, F01D, F01K, F01L, F01M, F01P, F02, F03, F04, F23R
23	기계요소	F15, F16, F17, G05G
24	핸들링	B41, B66, B67, B25J, B65B, B65C, B65D, B65F, B65G, B65H
25	식품가공	A01B, A01C, A01D, A01F, A01G, A01J, A01K, A01L, A01M, A21B, A21C, A22, A23N, A23P, B02B, C12L, C13C, C13G, C13H
26	운송	B60, B61, B62, B63B, B63C, B63H, B63J, B64B, B64C, B64D, B64F
27	원자핵공학	G01T, G21, H05G, H05H
28	항공기술	B63G, B64G, C06, F41, F42
	소비재, 토목공학	
29	소비재	A24, A41B, A41C, A41D, A41F, A41G, A42, A43B, A43C, A44, A45, A46B, A47, A62B, A62C, A63, B25B, B25C, B25D, B25F, B25G, B25H, B26B, B42, B43, B44, B68, D04D, D06F, D06N, D07, F25D, G10B, G10C, G10D, G10F, G10G, G10H, G10K
30	토목공학	E01, E02, E03, E04, E05, E06, E21

부록 2. IPC 기술 분야 코드

IPC코드	내　용
A23K	사료
A01H	새로운 식물 또는 그것들을 얻기 위한 육종처리; 조직배양기술에 의한 식물의 증식
A01K	축산; 조류, 어류, 곤충의 사육; 어업; 달리 분류되지 않는 동물의 사육 또는 번식; 새로운 동물
A01N	인간, 동물 또는 식물의 본체, 또는 그것들의 부분 보존 살 생물제(Biocides), 예, 살균제, 살충제 및 제초제로서 유해생물 기피제 또는 유인제 식물생장조절제
A23B	식육, 어류, 난류, 과일, 채소, 식용종자의 보존, 예. 통조림에 의한 것; 과일 또는 야채의 화학적 숙성 보존, 숙성 또는 통조림 제
A61B	진단; 수술 개인 식별
A61F	혈관에 이식할 수 있는 필터; 보철; 정형외과용, 간호용 또는 피임기구; 찜질; 눈 또는 귀의 치료 또는 보호붕대, 피복용품, 흡수성 패드, 구급함
A61K	의약용, 치과용 또는 화장용 제제
B01D	분 리
B01J	화학적 또는 물리적 방법, 예. 촉매, 콜로이드 화학 그들의 관련 장치
B05D	액체 또는 타유동성 물질을 표면에 작용시키기 위한 공정일반
B08B	청소일반 오염방지일반
B22F	금속분의 가공; 금속분으로부터 물품의 제조 금속분의 제조
B28B	점토 또는 다른 세라믹 조성물, 슬래그 또는 시멘트 함유 혼합물, 예. 플래스터의 성형
B32B	적층체, 즉 평평하거나 평평하지 않은 형상 예. 세포상(cellular) 또는 벌집구조(honeycomb)의 층으로 조립된 제품
C01G	서브클라스 C01D 또는 C01F에 포함되지 않는 금속을 함유하는 화합물
C04B	석회; 마그네시아; 슬래그; 시멘트; 그 조성물, 예. 모르타르, 콘크리트 또는 유사한 건축재료; 인조석; 세라믹 내화물, 천연석의 처리
C07C	비환 화합물 또는 탄소환 화합물
C07F	탄소, 수소, 할로겐, 산소, 질소, 황, 셀레늄 또는 텔루르 이외의 원소를 함유하는 비환식 탄소 고리 또는 이종원자 고리 화합물
C07H	당류; 그 유도체; 뉴클레오시드; 뉴클레오티드 핵산
C07K	펩티드 (Peptides)

IPC코드	내 용
C08F	탄소—탄소 불포화 결합만이 관여하는 반응으로 얻어지는 고분자화합물
C08G	탄소—탄소 불포화 결합만이 관여하는 반응 이외의 반응으로 얻는 고분자 화합물
C08J	완성; 일반적 혼합 방법 서브클라스 C08B, C, F, G에 포함되지 않는 후처리
C08K	무기 또는 비고분자 유기 물질의 배합 성분으로서의 사용
C09K	여러 가지에 응용된 물질에 있어서 달리 분류되지 않는 것
C12N	미생물 또는 효소; 미생물의 보존, 유지, 증식 그 조성물 돌연변이 또는 유전자공학 배지
C12P	발효 또는 효소를 사용하여 원하는 화학물질 또는 조성물을 합성하는 방법 또는 혼합물로부터 광학이성체를 분리하는 방법
C12Q	효소 또는 미생물을 함유한 측정 또는 시험방법 그것을 위한 조성물 또는 시험지; 그 조성물을 조제하는 방법; 미생물학적 또는 효소학적 방법에 있어서의 상태응답제어……191R 미생물과 관련 있는 서브클라스 C12C에서 Q까지와 연관된 인덱싱계열
C23C	금속재료의 피복; 금속재료에 의한 피복재료; 표면에의 확산, 화학적 전환 또는 치환에 의한 금속재료의 표면처리 진공증착, 스퍼터링, 이온주입법 또는 화학증착에 의한 피복일반
C25D	전기분해 또는 전기영동에 의한 피복방법; 전주 전해에 의한 관련 제품; 그것을 위한 장치
C30B	단결정성장 공정물질의 일방향고체화 또는 공석정물질의 일방향석출; 물질의 존멜팅(Zone meting)에 의한 정제 특정구조의 균질상의 다결정물질의 제조 반도체장치 또는 그 부품을 제조하기 위한 것 H01L; 단결정 또는 특정구조의 균질상 다결정재료의 후처리; 그것을 위한 장치
C30B	제조, 성형 또는 보조공정
G01B	길이, 두께 또는 같은 종류의 직선길이의 측정; 각도의 측정; 면적의 측정 표면 또는 윤곽의 불규칙성 측정
G01N	재료의 화학적 또는 물리적 성질의 검출에 의한 재료의 조사 또는 분석
G01R	전기량 자기량의 측정
G02B	광학요소, 광학계 또는 광학장치
G02F	광의 강도, 색, 위상, 편광 또는 방향의 제어를 위한 장치 또는 배치, 예. 스위칭, 게이팅, 변조 또는 복조, 의 매체의 광학적 성질이 변화에 의하여 광학적 작용이 변화하는 장치 또는 배치; 그와 같은 동작을 위한 기술 또는 처리; 주파수변환; 비선형 광학; 광학적 논리소자 광학적 아날로그/디지털 변환기
G03F	사진제판법에 의한 요철화 또는 패턴화 표면의 제조, 예. 인쇄용, 반도체장치의 제조법용; 그것을 위한 재료; 그것을 위한 원료 그것을 위한 특별히 적합한 장치

IPC코드	내　용
G05B	제어계 또는 조정계 일반; 이와 같은 계의 기능요소 이와 같은 계 또는 요소의 감시 또는 시험장치
G06F	전기에 의한 디지털 데이터처리
G06K	데이터의 인식; 데이터의 표시; 기록매체 기록매체의 취급
G06T	일반적인 화상 데이터 처리 또는 발생
G09G	정적수단을 사용하여 가변정보를 표시하는 표시장치의 제어를 위한 장치 또는 회로
G10L	음성분석 또는 합성 음성 인식
G11B	기록매체와 변환기 사이의 상대적인 운동을 기본으로 하는 정보저장
G11C	정적기억
H01F	자석; 인덕턴스(Inductance); 변성기; 자기특성에 의한 재료의 선택
H01J	전자관 또는 방전램프
H01L	반도체 장치; 다음의 유에 속하지 않는 전기적 고체 장치
H01M	화학적 에너지 전기적 에너지 직접 변환하기 위한 방법 또는 수단
H01S	유도방출을 이용한 장치
H03B	진동의 발생, 직접 또는 주파수 변조에 의한 진동의 발생, 스위칭 동작을 하지 않는 능동소자를 사용한 회로에 의한 진동의 발생; 이와 같은 회로에 의한 잡음의 발생
H03D	하나의 반송파로부터 타 반송파에의 복조 또는 변조의 변환
H03F	증폭기
H03H	임피던스회로망, 예. 공진회로; 공진기
H03K	펄스(PULSE)기술
H03M	복호화 또는 부호변환 일반
H04B	전송
H04J	다중통신
H04L	디지털정보의 전송
H04N	화상통신, 예. 텔레비전
H04Q	선택
H05B	전기가열; 달리 분류되지 않는 전기조명

부록 3. 기술 분야별 등록특허 수

기술 분야	1990	1991	1992	1993	1994	1995	1996	1997	1998	1999	2000	2001	2002	2003	2004	계
전기공학	4	8	51	87	106	105	119	187	321	356	273	323	366	412	526	3244
시청각기술	3	-	24	73	91	107	133	169	274	253	221	252	266	270	330	2466
정보통신	7	4	92	163	206	243	326	325	527	590	554	575	572	558	636	5378
정보기술	1	2	23	51	82	81	120	193	422	523	508	470	396	394	448	3714
반도체	1	8	28	80	126	174	162	240	400	480	504	619	697	717	771	5007
광기술	1	-	13	30	47	69	128	154	298	294	283	296	295	379	525	2812
제어기술	1	1	12	16	32	34	57	56	137	109	110	114	134	123	144	1080
의료기술	1	-	-	6	4	10	10	15	27	20	23	43	46	68	32	305
유기화학	1	3	11	14	15	36	35	34	34	35	52	57	71	63	42	503
고분자	2	1	4	21	15	29	14	28	27	25	50	43	57	67	66	449
의약품	-	-	1	9	10	7	13	27	26	37	43	33	37	36	59	338
바이오기술	-	-	1	7	3	8	9	7	18	33	15	32	26	28	20	207
재료	1	-	4	6	12	15	29	25	38	45	33	60	43	48	39	398
식품화학	-	-	5	4	1	6	5	2	6	10	11	9	9	13	9	90
기초재료화학	-	-	2	6	5	11	13	5	12	27	15	25	34	35	26	216
화학공학	1	-	6	11	13	10	19	32	56	64	41	60	49	63	80	505
표면기술	-	1	2	13	14	23	28	35	57	76	92	77	98	73	92	681
재료공정	2	-	2	9	14	14	12	12	22	26	33	32	33	42	45	298
열처리	1	-	9	17	17	22	19	30	80	77	51	33	52	43	65	516
환경기술	-	-	1	4	1	3	4	3	8	6	9	8	15	10	14	86
기계류	-	1	2	11	9	8	12	14	22	37	39	39	47	62	63	366
엔진	-	-	3	17	11	18	39	35	51	37	32	46	61	66	88	504
기계요소	-	-	7	13	12	13	38	57	78	97	43	52	77	63	42	592
핸들링	4	-	10	24	19	32	31	38	77	94	104	96	88	77	89	783
식품가공	-	-	5	5	2	8	3	7	3	7	12	12	20	5	5	94
운송	1	1	2	8	12	21	30	51	68	47	45	58	87	66	59	556
원자핵공학	-	-	-	-	-	2	1	3	7	9	7	11	15	12	19	86
항공기술	-	-	1	1	-	-	2	2	5	3	1	4	4	9	3	35
소비재	3	2	20	58	47	52	81	100	174	195	130	104	122	128	144	1360
토목공학	-	1	-	10	7	10	8	17	21	27	27	19	26	48	37	258
빈칸	-	-	1	-	-	-	-	1	2	-	-	1	-	2	1	8
계	35	33	342	774	933	1171	1500	1904	3298	3639	3361	3603	3843	3980	4519	32935

부록 4. 기술 분야별 과학논문을 인용한 특허 수

기술 분야	1990	1991	1992	1993	1994	1995	1996	1997	1998	1999	2000	2001	2002	2003	2004	계
전기공학	-	1	2	5	6	9	6	14	16	34	25	14	24	27	34	217
시청각기술	-	-	-	4	4	3	1	9	15	9	9	16	11	21	25	127
정보통신	-	1	3	10	14	32	63	42	53	49	66	67	78	79	79	636
정보기술	1	1	6	6	9	10	21	32	48	63	69	53	49	54	62	484
반도체	1	1	6	22	28	48	34	59	104	113	126	133	111	105	113	1004
광기술	-	-	-	-	5	5	12	14	45	41	46	57	60	69	83	437
제어기술	-	-	1	1	1	2	8	10	12	14	19	23	18	14	19	142
의료기술	-	-	-	-	-	2	1	1	-	1	1	4	3	8	6	27
유기화학	-	-	4	4	7	12	11	16	17	23	26	28	32	34	27	241
고분자	-	-	1	6	5	8	3	6	8	8	8	14	11	19	20	117
의약품	-	-	-	4	3	4	5	12	13	25	20	18	15	19	36	174
바이오기술	-	-	1	3	3	5	6	6	14	27	13	25	17	21	15	156
재료	-	-	1	2	3	3	4	4	11	12	9	8	6	10	4	77
식품화학	-	-	2	2	-	1	-	1	-	4	3	1	1	6	1	22
기초재료화학	-	-	-	1	-	2	2	1	4	7	2	3	9	12	8	51
화학공학	-	-	1	2	-	1	2	3	4	10	4	15	6	7	14	69
표면기술	-	-	-	4	1	7	2	8	12	18	17	19	21	14	19	142
재료공정	1	-	-	1	1	2	1	1	5	4	6	1	2	3	5	33
열처리	-	-	1	-	-	-	1	-	2	-	2	1	1	1	-	9
환경기술	-	-	-	1	-	-	-	-	-	1	2	1	2	2	2	11
기계류	-	-	-	-	-	1	-	-	1	-	2	1	5	2	1	13
엔진	-	-	-	-	-	-	-	-	-	1	-	1	1	2	-	5
기계요소	-	-	-	1	-	-	-	-	3	-	-	1	-	-	1	6
핸들링	-	-	1	3	-	1	1	1	3	2	2	-	4	7	4	29
식품가공	-	-	-	-	-	-	-	-	-	-	-	1	1	-	-	2
운송	-	-	-	-	1	-	-	-	2	-	-	-	1	-	-	4
원자핵공학	-	-	-	-	-	-	-	-	3	2	1	2	2	5	2	17
항공기술	-	-	-	-	-	-	-	1	2	-	1	1	-	1	-	6
소비재	-	-	-	-	-	-	2	-	1	3	2	1	-	1	4	14
토목공학	-	-	-	-	-	-	-	-	-	-	-	-	1	-	-	1
빈칸	-	-	-	-	-	-	-	-	-	-	-	1	-	-	1	2
계	3	4	30	82	91	159	185	241	398	471	481	510	492	543	585	4275

부록 5. 기술 분야별 특허에 인용된 과학논문 수

( ) 안은 과학논문 수 전체 중 비율

기술 분야	1990	1991	1992	1993	1994	1995	1996	1997	1998	1999	2000	2001	2002	2003	2004	합계 (%)
전기공학	–	2	4	6	7	10	6	16	25	90	41	34	72	81	115	509 (3.40%)
시청각기술	–	–	–	5	8	3	1	14	24	13	21	29	17	49	52	236 (1.58%)
정보통신	–	1	5	10	19	74	128	95	111	69	135	161	258	205	150	1421 (9.49%)
정보기술	5	1	12	9	13	20	41	67	110	161	144	140	133	113	455	1424 (9.51%)
반도체	3	5	11	39	53	88	79	112	224	229	280	332	318	237	299	2309 (15.43%)
광기술	–	–	–	–	6	13	48	32	118	87	131	291	281	930	511	2448 (16.35%)
제어기술	–	–	1	2	1	4	30	15	35	26	45	77	85	59	63	443 (2.96%)
의료기술	–	–	–	–	–	3	2	4	–	1	1	38	5	23	38	115 (0.77%)
유기화학	–	–	14	19	41	39	49	80	86	116	139	155	117	256	188	1299 (8.68%)
고분자	–	–	1	26	11	14	12	15	44	23	36	55	61	115	102	515 (3.44%)
의약품	–	–	–	9	10	41	41	53	56	140	75	94	89	212	305	1125 (7.52%)
바이오기술	–	–	1	40	23	17	20	39	168	164	87	185	99	160	147	1150 (7.68%)
재료	–	–	6	8	9	17	31	17	51	35	32	41	20	28	8	303 (2.02%)
식품화학	–	–	15	8	–	16	–	8	–	11	22	17	4	49	1	151 (1.01%)
기초재료화학	–	–	–	13	–	4	4	2	16	15	8	11	95	88	76	332 (2.22%)
화학공학	–	–	1	4	–	4	7	18	4	35	21	49	19	42	74	278 (1.86%)
표면기술	–	–	–	8	1	22	3	19	29	60	47	69	121	53	73	505 (3.37%)
재료공정	2	–	–	1	1	6	3	1	18	12	10	3	17	6	14	94 (0.63%)
열처리	–	–	1	–	–	1	–	–	3	–	4	7	4	3	–	23 (0.15%)
환경기술	–	–	–	1	–	–	–	–	–	4	12	1	8	6	4	36 (0.24%)
기계류	–	–	–	–	–	8	–	–	5	–	4	4	14	4	1	40 (0.27%)
엔진	–	–	–	–	–	–	–	–	–	1	–	1	2	4	–	8 (0.05%)
기계요소	–	–	–	2	–	–	–	–	3	–	–	4	–	–	2	11 (0.07%)
핸들링	–	–	1	5	–	1	2	2	5	4	2	–	4	7	4	37 (0.25%)
식품가공	–	–	–	–	–	–	–	–	–	–	7	31	–	–	–	38 (0.25%)
운송	–	–	–	–	3	–	–	–	10	–	–	–	2	–	–	15 (0.10%)
원자핵공학	–	–	–	–	–	–	–	–	11	2	2	7	7	25	5	59 (0.39%)
항공기술	–	–	–	–	–	–	–	1	7	–	1	2	–	2	–	13 (0.09%)
소비재	–	–	–	–	–	–	2	–	1	3	7	3	–	1	9	26 (0.17%)
토목공학	–	–	–	–	–	–	–	–	–	–	–	–	2	–	–	2 (0.01%)
빈칸	–	–	–	–	–	–	–	–	–	–	–	3	–	–	1	4 (0.03%)
계	10	9	73	215	206	405	509	610	1164	1301	1307	1820	1885	2758	2697	14969 (100%)

부록 6. 기술 분야별 과학연계지수

기술 분야	1990	1991	1992	1993	1994	1995	1996	1997	1998	1999	2000	2001	2002	2003	2004
전기공학	–	0.25	0.08	0.07	0.07	0.10	0.05	0.09	0.08	0.25	0.15	0.11	0.20	0.20	0.22
시청각기술	–	–	–	0.07	0.09	0.03	0.01	0.08	0.09	0.05	0.10	0.12	0.06	0.18	0.16
정보통신	–	0.25	0.05	0.06	0.09	0.30	0.39	0.29	0.21	0.12	0.24	0.28	0.45	0.37	0.24
정보기술	5.00	0.50	0.52	0.18	0.16	0.25	0.34	0.35	0.26	0.31	0.28	0.30	0.34	0.29	1.02
반도체	3.00	0.63	0.39	0.49	0.42	0.51	0.49	0.47	0.56	0.48	0.56	0.54	0.46	0.33	0.39
광기술	–	–	–	–	0.13	0.19	0.38	0.21	0.40	0.30	0.46	0.98	0.95	2.45	0.97
제어기술	–	–	0.08	0.13	0.03	0.12	0.53	0.27	0.26	0.24	0.41	0.68	0.53	0.48	0.44
의료기술	–	–	–	–	–	0.30	0.20	0.27	–	0.05	0.04	0.88	0.11	0.34	1.19
유기화학	–	–	1.27	1.36	2.73	1.08	1.40	2.35	2.53	3.31	2.67	2.72	1.65	4.06	4.48
고분자	–	–	0.25	1.24	0.73	0.48	0.86	0.54	1.63	0.92	0.72	1.28	1.07	1.72	1.55
의약품	–	–	–	1.00	1.00	5.86	3.15	1.96	2.15	3.78	1.74	2.85	2.41	5.89	5.17
바이오기술	–	–	1.00	5.71	7.67	2.13	2.22	5.57	9.33	4.97	5.80	5.78	3.81	5.71	7.35
재료	–	–	1.50	1.33	0.75	1.13	1.07	0.68	1.34	0.78	0.97	0.68	0.47	0.58	0.21
식품화학	–	–	3.00	2.00	–	2.67	–	4.00	–	1.10	2.00	1.89	0.44	3.77	0.11
기초재료화학	–	–	–	2.17	–	0.36	0.31	0.40	1.33	0.56	0.53	0.44	2.79	2.51	2.92
화학공학	–	–	0.17	0.36	–	0.40	0.37	0.56	0.07	0.55	0.51	0.82	0.39	0.67	0.93
표면기술	–	–	–	0.62	0.07	0.96	0.11	0.54	0.51	0.79	0.51	0.90	1.23	0.73	0.79
재료공정	1.00	–	–	0.11	0.07	0.43	0.25	0.08	0.82	0.46	0.30	0.09	0.52	0.14	0.31
열처리	–	–	0.11	–	–	0.05	–	–	0.04	–	0.08	0.21	0.08	0.07	–
환경기술	–	–	–	0.25	–	–	–	–	–	0.67	1.33	0.13	0.53	0.60	0.29
기계류	–	–	–	–	–	1.00	–	–	0.23	–	0.10	0.10	0.30	0.06	0.02
엔진	–	–	–	–	–	–	–	–	–	0.03	–	0.02	0.03	0.06	–
기계요소	–	–	–	0.15	–	–	–	–	0.04	–	–	0.08	–	–	0.05
핸들링	–	–	0.10	0.21	–	0.03	0.06	0.05	0.06	0.04	0.02	–	0.05	0.09	0.04
식품가공	–	–	–	–	–	–	–	–	–	–	–	0.58	1.55	–	–
운송	–	–	–	–	0.25	–	–	–	0.15	–	–	–	0.02	–	–
원자핵공학	–	–	–	–	–	–	–	–	1.57	0.22	0.29	0.64	0.47	2.08	0.26
항공기술	–	–	–	–	–	–	–	0.50	1.40	–	1.00	0.50	–	0.22	–
소비재	–	–	–	–	–	–	0.02	–	0.01	0.02	0.05	0.03	–	0.01	0.06
토목공학	–	–	–	–	–	–	–	–	–	–	–	–	0.08	–	–
빈칸	–	–	–	–	–	–	–	–	–	–	–	3.00	–	–	1.00

부록 7. 등록년별 과학연계지수 및 과학상호작용지수

기술 분야	1990-1994				1995-1999				2000-2004				계
	SC%	PAT%	SL	SI	SC%	PAT%	SL	SI	SC%	PAT%	SL	SI	SC%
전기공학	3.70%	6.67%	0.07	1.36	3.69%	5.43%	0.14	1.86	3.28%	4.75%	0.18	2.77	3.40%
시청각기술	2.53%	3.81%	0.07	1.63	1.38%	2.54%	0.06	1.49	1.61%	3.14%	0.13	2.05	1.58%
정보통신	6.82%	13.33%	0.07	1.25	11.96%	16.44%	0.24	2.00	8.68%	14.13%	0.31	2.46	9.49%
정보기술	7.80%	10.95%	0.25	1.74	10.00%	11.97%	0.30	2.29	9.41%	10.99%	0.44	3.43	9.51%
반도체	21.64%	27.62%	0.46	1.91	18.35%	24.62%	0.50	2.04	14.01%	22.52%	0.66	2.49	15.43%
광기술	1.17%	2.38%	0.07	1.20	7.47%	8.05%	0.32	2.55	20.48%	12.06%	1.21	6.81	16.35%
제어기술	0.78%	1.43%	0.06	1.33	2.76%	3.16%	0.28	2.39	3.14%	3.56%	0.53	3.54	2.96%
의료기술	0.00%	0.00%	0.00	0.00	0.25%	0.34%	0.12	0.00	1.00%	0.84%	0.50	0.00	0.77%
유기화학	14.42%	7.14%	1.68	4.93	9.28%	5.43%	2.13	4.68	8.17%	5.63%	3.00	5.82	8.68%
고분자	7.41%	5.71%	0.88	3.17	2.71%	2.27%	0.88	3.27	3.53%	2.76%	1.30	5.13	3.44%
의약품	3.70%	3.33%	0.95	2.71	8.30%	4.06%	3.01	5.61	7.40%	4.14%	3.73	7.18	7.52%
바이오기술	12.48%	3.33%	5.82	9.14	10.23%	3.99%	5.44	7.03	6.48%	3.49%	5.60	7.45	7.68%
재료	4.48%	2.86%	1.00	3.83	3.79%	2.34%	0.99	4.44	1.23%	1.42%	0.58	3.49	2.02%
식품화학	4.48%	1.90%	2.30	5.75	0.88%	0.41%	1.21	5.83	0.89%	0.46%	1.82	7.75	1.01%
기초재료화학	2.53%	0.48%	1.00	13.00	1.03%	1.10%	0.60	2.56	2.66%	1.30%	2.06	8.18	2.22%
화학공학	0.97%	1.43%	0.16	1.67	1.70%	1.38%	0.38	3.40	1.96%	1.76%	0.70	4.46	1.86%
표면기술	1.75%	2.38%	0.30	1.80	3.33%	3.23%	0.61	2.83	3.47%	3.45%	0.84	4.03	3.37%
재료공정	0.78%	1.43%	0.15	1.33	1.00%	0.89%	0.47	3.08	0.48%	0.65%	0.27	2.94	0.63%
열처리	0.19%	0.48%	0.02	1.00	0.10%	0.21%	0.02	1.33	0.17%	0.19%	0.07	3.60	0.15%
환경기술	0.19%	0.48%	0.17	1.00	0.10%	0.07%	0.17	4.00	0.30%	0.34%	0.55	3.44	0.24%
기계류	0.00%	0.00%	0.00	0.00	0.33%	0.14%	0.14	0.00	0.26%	0.42%	0.11	2.45	0.27%
엔진	0.00%	0.00%	0.00	0.00	0.03%	0.07%	0.01	0.00	0.07%	0.15%	0.02	1.75	0.05%
기계요소	0.39%	0.48%	0.06	2.00	0.08%	0.21%	0.01	1.00	0.06%	0.08%	0.02	3.00	0.07%
핸들링	1.17%	1.90%	0.11	1.50	0.35%	0.55%	0.05	1.75	0.16%	0.65%	0.04	1.00	0.25%
식품가공	0.00%	0.00%	0.00	0.00	0.00%	0.00%	0.00	0.00	0.36%	0.08%	0.70	19.00	0.25%
운송	0.58%	0.48%	0.13	3.00	0.25%	0.14%	0.05	5.00	0.02%	0.04%	0.01	2.00	0.10%
원자핵공학	0.00%	0.00%	0.00	0.00	0.33%	0.34%	0.00	0.00	0.44%	0.46%	0.00	3.83	0.39%
항공기술	0.00%	0.00%	0.00	0.00	0.20%	0.21%	0.67	0.00	0.05%	0.11%	0.24	1.67	0.09%
소비재	0.00%	0.00%	0.00	0.00	0.15%	0.41%	0.01	0.00	0.19%	0.31%	0.03	2.50	0.17%
토목공학	0.00%	0.00%	0.00	0.00	0.00%	0.00%	0.00	0.00	0.02%	0.04%	0.01	2.00	0.01%
빈칸	0.00%	0.00%	0.00	0.00	0.00%	0.00%	0.00	0.00	0.04%	0.08%	1.00	2.00	0.03%
계	100.00%	100.00%			100.00%	100.00%			100.00%	100.00%			100%

SC% = 각 기술 분야별 과학논문의 인용빈도 비율
PAT% = 각 기술 분야별 과학논문을 인용한 특허의 비율
SL(Science Linkage Indicator) = 과학연계지수, 각 기술 분야별 등록특허 1건당 평균 과학논문 인용빈도
SI (Science Interaction Indicator) = 과학상호작용지수, 각 기술 분야별 과학논문을 인용한 특허 1건당 평균 과학논문 인용빈도

부록 8. IPC 기술 분야별 과학논문 인용빈도

순위	IPC코드	학술회의자료	학술지	과학논문 인용빈도	과학논문%	과학논문 누적 %	과학연계 지수
1	H01L	955	1354	2309	15.43%	15.43%	0.46
2	A61K	19	1106	1125	7.52%	22.94%	3.33
3	G02F	659	328	987	6.59%	29.53%	1.04
4	G02B	333	597	930	6.21%	35.75%	1.63
5	C12N	5	608	613	4.10%	39.84%	5.62
6	G06K	91	424	515	3.44%	43.28%	1.46
7	G06F	234	269	503	3.36%	46.64%	0.37
8	C07D	7	491	498	3.33%	49.97%	2.29
9	C12P	3	409	412	2.75%	52.72%	6.54
10	H04N	130	275	405	2.71%	55.43%	0.20
11	C07C	5	395	400	2.67%	58.10%	2.50
12	C08F	26	294	320	2.14%	60.24%	1.99
13	H04B	112	162	274	1.83%	62.07%	0.46
14	G03F	83	183	266	1.78%	63.85%	0.76
15	C09K	111	91	202	1.35%	65.19%	2.22
16	G11C	110	87	197	1.32%	66.51%	0.11
17	H04L	58	137	195	1.30%	67.81%	0.49
18	C30B	46	148	194	1.30%	69.11%	3.08
19	H01S	25	168	193	1.29%	70.40%	1.25
20	B01J	9	165	174	1.16%	71.56%	1.71
21	G01N	7	165	172	1.15%	72.71%	0.95
22	H03M	54	98	152	1.02%	73.73%	0.51
23	C23C	13	137	150	1.00%	74.73%	0.77
24	C07F	2	139	141	0.94%	75.67%	2.01
25	H01J	38	100	138	0.92%	76.59%	0.14
26	C08G	4	132	136	0.91%	77.50%	1.01
27	C07H	1	126	127	0.85%	78.35%	3.85
28	G11B	27	97	124	0.83%	79.18%	0.08
29	C07K	0	122	122	0.82%	79.99%	6.78
30	A01N	6	112	118	0.79%	80.78%	2.19

부록 9. 학문 분야별 과학확산지수

순위	학문 분야	과학논문 수	IPC 분야 수	과학논문 %	과학 확산지수
1	전기전자	2,031	79	22.06	0.47
2	응용물리	827	53	8.98	0.32
3	다학문 분야	533	40	5.79	0.24
4	생화학/분자생물학	530	26	5.76	0.16
5	고분자	445	30	4.83	0.18
6	화학(다학문 분야)	392	35	4.26	0.21
7	광학	385	28	4.18	0.17
8	의화학	307	11	3.34	0.07
9	바이오기술 및 산업미생물학	263	21	2.86	0.13
10	유기화학	257	19	2.79	0.11
11	안과학	237	3	2.57	0.02
12	재료과학 (다학문 분야)	222	41	2.41	0.25
13	물리화학	185	33	2.01	0.20
14	전기화학	180	25	1.96	0.15
15	무기화학 및 핵	140	12	1.52	0.07
16	약리학 및 약제학	121	9	1.31	0.05
17	식물학	116	13	1.26	0.08
18	재료과학, 세라믹	115	24	1.25	0.14
19	컴퓨터과학, 하드웨어, 아키텍쳐	103	23	1.12	0.14
20	생화학연구방법	99	21	1.08	0.13

부록 10. 기술 분야별 과학흡수지수

순위	IPC 기술 분야	SCIE 과학논문 수	SCIE 과학논문 %	(누적 %)	학문 분야 수	과학흡수지수
1	H01L	1137	12.35	(12.35)	29	0.25
2	A61K	940	10.21	(22.56)	59	0.51
3	G02B	575	6.25	(28.81)	12	0.10
4	C12N	519	5.64	(34.45)	33	0.29
5	C07D	424	4.61	(39.05)	28	0.24
6	G06K	348	3.78	(42.84)	15	0.13
7	C07C	332	3.61	(46.44)	39	0.34
8	C12P	332	3.61	(50.05)	24	0.21
9	C08F	266	2.89	(52.94)	17	0.15
10	G02F	259	2.81	(55.75)	13	0.11
11	H04N	193	2.10	(57.85)	9	0.08
12	H01S	164	1.78	(59.63)	6	0.05
13	G06F	161	1.75	(61.38)	18	0.16
14	G03F	157	1.71	(63.09)	16	0.14
15	B01J	145	1.58	(64.66)	15	0.13
16	H04B	141	1.53	(66.19)	8	0.07
17	G01N	138	1.50	(67.69)	36	0.31
18	C30B	128	1.39	(69.08)	14	0.12
19	C23C	123	1.34	(70.42)	18	0.16
20	H04L	116	1.26	(71.68)	7	0.06
21	C07H	112	1.22	(72.90)	23	0.20
22	C07F	112	1.22	(74.11)	19	0.17
23	C08G	111	1.21	(75.32)	14	0.12
24	C07K	105	1.14	(76.46)	15	0.13
25	C12Q	96	1.04	(77.50)	18	0.16
26	A01N	88	0.96	(78.46)	20	0.17
27	H03M	88	0.96	(79.41)	4	0.03
28	H01J	86	0.93	(80.35)	13	0.11
29	C04B	81	0.88	(81.23)	8	0.07
30	C09K	79	0.86	(82.09)	11	0.10

부록 11. SCIE 과학논문과 특허간 상호 작용 분포

기술분야 \ 학문분야	농학	생물학및생화학	화학	임상의학	컴퓨터과학	교육	공학	지리학	면역학	법률	재료과학	수학	다학문분야	약학	물리학	식물학및동물학	심리학	사회과학일반	과학논문%
전기공학	-	0.04	1.04	-	0.04	-	0.90	-	-	-	0.38	-	0.24	-	0.71	-	-	-	3.36
시청각기술	-	-	0.02	-	0.04	-	0.71	-	-	-	0.04	-	0.01	-	0.27	-	-	-	1.10
정보통신	-	-	0.01	-	0.83	-	6.58	-	-	-	0.09	0.04	-	-	0.16	-	-	-	7.71
정보기술	-	0.03	-	2.61	1.75	-	2.61	0.02	-	-	-	0.02	-	-	0.29	-	-	0.01	7.34
반도체	-	0.09	1.15	0.02	0.13	-	5.51	0.04	-	-	0.89	-	0.40	-	4.12	-	-	-	12.35
광기술	-	0.10	1.62	0.01	0.05	-	5.14	-	-	-	0.09	-	0.49	-	5.57	0.01	-	-	13.08
제어기술	0.01	0.17	0.66	0.26	0.12	0.01	1.11	-	0.04	-	0.08	-	0.10	-	0.49	-	-	-	3.05
의료기술	0.03	0.08	0.21	0.37	0.01	-	0.13	0.01	-	-	-	-	0.02	0.09	0.04	-	-	-	0.99
유기화학	0.09	2.39	6.28	0.74	0.01	-	0.15	0.01	0.34	0.01	0.24	-	0.97	0.30	0.13	0.21	-	0.01	11.87
고분자	0.01	0.13	3.53	0.03	0.01	-	0.08	-	-	-	0.37	-	0.14	-	0.22	0.04	-	-	4.56
의약품	0.22	2.53	2.59	2.41	-	-	0.02	-	0.41	-	0.01	-	0.90	0.83	0.01	0.25	0.02	0.01	10.21
바이오기술	0.17	5.82	0.98	0.83	-	-	0.09	-	0.23	0.01	-	-	1.67	0.02	0.01	0.54	-	-	10.37
재료	-	0.01	0.49	-	-	-	0.15	0.14	-	-	1.01	-	0.04	-	0.30	-	-	-	2.15
식품화학	0.34	0.45	0.08	0.21	-	-	0.01	-	-	-	-	-	0.13	-	-	0.13	-	-	1.34
기초재료화학	-	0.37	0.46	0.11	-	-	0.01	-	0.02	-	0.02	-	0.26	0.04	0.55	0.05	-	-	1.90
화학공학	-	0.12	1.53	0.04	-	-	0.40	-	-	-	0.10	-	0.05	0.01	0.07	0.03	-	-	2.36
표면기술	-	0.01	0.89	-	-	-	0.47	0.01	-	-	0.67	-	0.24	-	1.73	-	-	-	4.02
재료공정	0.01	0.03	0.25	0.01	0.01	-	0.14	-	-	-	0.09	-	0.02	0.02	0.14	-	-	-	0.73
열처리	-	-	-	-	-	-	0.12	-	-	-	-	-	-	-	-	-	-	-	0.12
환경기술	-	0.09	-	-	-	-	0.11	-	-	-	-	-	0.02	-	0.03	-	-	-	0.25
기계류	-	-	-	-	-	-	0.03	0.01	-	-	0.05	-	-	-	0.09	-	-	-	0.18
엔진	-	-	-	-	-	-	0.04	-	-	-	-	-	-	-	0.02	-	-	-	0.07
기계요소	-	-	-	-	-	-	0.03	-	-	-	-	-	-	-	-	-	-	-	0.03
핸들링	-	-	0.01	-	-	-	0.03	-	-	-	0.02	-	-	-	-	-	-	-	0.07
식품가공	0.05	0.20	-	0.03	-	-	-	-	-	-	-	-	0.04	-	-	-	-	-	0.33
운송	-	-	-	-	-	-	0.01	-	-	-	-	-	-	-	-	-	-	-	0.01
원자핵공학	-	-	0.01	0.01	-	-	0.09	0.01	-	-	0.03	-	0.01	-	0.08	-	-	-	0.24
항공기술	-	-	-	-	0.02	-	0.03	-	-	-	-	-	-	-	0.01	-	-	-	0.07
소비재	-	0.01	-	-	-	-	0.05	-	-	-	0.01	-	0.02	-	0.03	-	-	-	0.13
토목공학	-	-	-	-	-	-	-	-	-	-	-	-	-	-	-	-	-	-	0.00
빈칸	-	-	-	-	-	-	-	-	-	-	0.01	-	-	-	-	-	-	-	0.01
계	0.93	12.67	21.80	7.69	3.03	0.01	24.76	0.26	1.04	0.02	4.20	0.07	5.79	1.31	15.08	1.27	0.02	0.03	100.

부록 12. 한국인 특허에서 인용빈도가 높은 학술지/학술회의자료

순위	학술지명	인용 빈도	IPC 분야수	전체 인용 빈도중 %	전체 IPC 중 %
1	SID Symposium Digest of Technical Papers	530	20	3.54	9.80
2	IEEE International Electron Devices Meeting. Technical Digest	491	23	3.28	11.27
3	Applied Physics Letters	361	34	2.41	16.67
4	Proceedings of International Display Research Conference.	354	13	2.36	6.37
5	Japanese Journal of Applied Physics	306	35	2.04	17.16
6	Optics Letters	274	7	1.83	3.43
7	IEEE Transactions on Electron Devices	244	15	1.63	7.35
8	Electronics Letters	243	23	1.62	11.27
9	Proceedings of the SPIE	233	33	1.56	16.18
10	Nature	231	32	1.54	15.69
11	IEEE Journal of Solid-State Circuits	214	26	1.43	12.75
12	IEEE Photonics Technology Letters	203	11	1.36	5.39
13	IBM Technical Disclosure Bulletin	202	38	1.35	18.63
14	Journal of Medicinal Chemistry	187	8	1.25	3.92
15	Journal of Photopolymer Science and Technology	183	9	1.22	4.41
16	Journal of the American Chemical Society	170	18	1.14	8.82
17	Science	147	26	0.98	12.75
18	IEEE Symposium on VLSI Circuits. Digest of Technical Papers	147	10	0.98	4.90
19	Proceedings of the National Academy of Sciences of the U.S. A	145	14	0.97	6.86
20	Journal of Applied Physics	141	28	0.94	13.73
21	Journal of the Electrochemical Society	141	21	0.94	10.29
22	IEEE Electron Device Letters	126	13	0.84	6.37
23	Journal of Lightwave Technology	122	14	0.82	6.86
24	IEEE Transactions on Consumer Electronics	120	20	0.80	9.80
25	IEEE Transactions on Communications	117	14	0.78	6.86
26	Optical Fiber Communication Conference-Technical Digest	103	10	0.69	4.90
27	Macromolecules	102	19	0.68	9.31

· 저자 ·

노경란

(魯景珊)

· 약 력 ·

전남대학교 문헌정보학과
연세대학교 대학원 문헌정보학과 석사
연세대학교 대학원 문헌정보학과 박사
산업기술정보원 정보자료실
한국과학기술정보연구원 정보융합개발팀
덕성여자대학교 문헌정보학과 강사
현 한국과학기술정보연구원 서비스개발팀

· 주요논저 ·

서울지역 공공도서관의 지역사회정보봉사에 관한 연구
yesKISTI 이용자를 위한 특허정보 활용 가이드 (공저)
특허분석의 전략적 파트너: 예제로 배우는 특허정보 100% 활용가이드 (공저)
국제품질경영시스템을 기반으로 한 정보유통 프로세스 표준화 (공저)
디지털환경의 과학기술 정보자원 개발 (공저)
KISTI 해외학술지 관리 지침서 (공저)
2004년도 한국과학기술정보연구원 데이터베이스 백서 (공저)
산업기술정보원 정보자료실 업무편람 (공저)

외 다수

특허인용정보를 이용한 과학기술자의 과학논문 인용행태 분석

· 초판 인쇄	2007년 10월 31일
· 초판 발행	2007년 10월 31일
· 지 은 이	노경란
· 펴 낸 이	채종준
· 펴 낸 곳	한국학술정보㈜
	경기도 파주시 교하읍 문발리 526-2
	파주출판문화정보산업단지
	전화 031) 908-3181(대표) · 팩스 031) 908-3189
	홈페이지 http://www.kstudy.com
	e-mail(출판사업부) publish@kstudy.com
· 등 록	제일산-115호(2000. 6. 19)
· 가 격	10,000원

ISBN   978-89-534-7703-2 93020 (Paper Book)
       978-89-534-7704-9 98020 (e-Book)